Christian
Louboutin

ADMINISTRAÇÃO REGIONAL DO SENAC NO ESTADO DE SÃO PAULO

Presidente do Conselho Regional: Abram Szajman
Diretor do Departamento Regional: Luiz Francisco de A. Salgado
Superintendente Universitário e de Desenvolvimento: Luiz Carlos Dourado

EDITORA SENAC SÃO PAULO

Conselho Editorial: Luiz Francisco de A. Salgado
　　　　　　　　　Luiz Carlos Dourado
　　　　　　　　　Darcio Sayad Maia
　　　　　　　　　Lucila Mara Sbrana Sciotti
　　　　　　　　　Luís Américo Tousi Botelho

Gerente/Publisher: Luís Américo Tousi Botelho
Coordenação Editorial: Verônica Pirani de Oliveira
Prospecção: Andreza Fernandes dos Passos de Paula, Dolores Crisci Manzano, Paloma Marques Santos
Administrativo: Marina P. Alves
Comercial: Aldair Novais Pereira
Comunicação e Eventos: Tania Mayumi Doyama Natal

Edição: Camila Lins
Preparação de Texto: Ana Lúcia Mendes
Coordenação de Revisão de Texto: Marcelo Nardeli
Revisão de Texto: Cristine Sakô
Coordenação de Arte: Antonio Carlos De Angelis
Editoração Eletrônica: Sandra Regina Santana
Impresso na China

Título original: *Little book of Christian Louboutin: the story of the iconic shoe designer*
Texto © Darla-Jane Gilroy 2021
Design e layout © Welbeck Non-Fiction Limited 2021

Dados Internacionais de Catalogação na Publicação (CIP)
(Simone M. P. Vieira – CRB 8ª/4771)

Gilroy, Darla-Jane
　　Christian Louboutin / Darla-Jane Gilroy; tradução de Lana Lim.
– São Paulo : Editora Senac São Paulo, 2024.

　　Título original: Little book of Christian Louboutin: the story of the iconic shoe designer

　　Bibliografia.
　　ISBN 978-85-396-4637-1 (Impresso/2024)

　　1. Moda　2. Christian Louboutin : Designer de calçados
3. Design de calçados　4. Calçados : História da Moda
I. Título. II. Tradução.

24-2123r　　　　　　　　　　　　　　　CDD – 391.413
　　　　　　　　　　　　　　　　　　　3BISAC CRA009000

Índice para catálogo sistemático:
1. Moda　　391
2. Estilo de vestir : Moda : Costumes　　391.6

Proibida a reprodução sem autorização expressa.
Todos os direitos desta edição reservados à
Editora Senac São Paulo
Av. Engenheiro Eusébio Stevaux, 823 – Prédio Editora
Jurubatuba – CEP 04696-000 – São Paulo – SP
Tel. (11) 2187-4450
editora@sp.senac.br
https://www.editorasenacsp.com.br

Edição brasileira © Editora Senac São Paulo, 2024

Este é um livro de não ficção e de referência. Todos os nomes, empresas, marcas registradas, marcas de serviço, nomes comerciais e locais são citados apenas para fins de identificação, revisão editorial e orientação. Esta obra não foi patrocinada, apoiada ou endossada por qualquer pessoa ou entidade.

Christian Louboutin

DARLA-JANE GILROY

TRADUÇÃO: LANA LIM

EDITORA SENAC SÃO PAULO – SÃO PAULO – 2024

SUMÁRIO

Nota do editor 5

Uma lenda 7

Os primeiros anos 19

O nascimento de uma marca 29

O solado vermelho 41

Destaques da carreira 53

Modelos singulares para mulheres 79

A revolução do tênis 95

Algo para os meninos 105

Parcerias...119

Sucesso entre as celebridades 135

Índice..156

Créditos..160

NOTA DO EDITOR

Em novembro de 1991, o jovem Christian Louboutin abria sua primeira loja em Paris. Com a sorte de ter como uma das primeiras compradoras – e admiradoras – ninguém menos que a princesa Caroline de Mônaco, prenunciando a clientela de celebridades que se formaria nos anos seguintes, ele dava início à marca que viria a se tornar um verdadeiro império dos calçados de luxo.

A reputação do estilista dispensa extensas apresentações. Suas criações provocadoras incluem o uso de materiais inusitados, ornamentos cuidadosamente elaborados e, claro, os famosos solados vermelhos, que, tendo surgido quase por acaso, acabaram se tornando emblemáticos.

Embora famoso por seus saltos altíssimos, Louboutin é versátil: em suas linhas feminina e masculina, cria também tênis e bolsas. Sua marca está ainda em perfumes e cosméticos, sem falar das parcerias com personalidades do mundo da moda e das artes e até com a boneca Barbie!

É com o desejo de apresentar esse universo de inovação e ousadia de Louboutin que o Senac São Paulo traz para estudantes, profissionais e interessados pelo tema um pouco da história de um artista que é não só referência, mas fonte de inspiração e conhecimento para o mundo da moda.

Uma lenda

RENOME MUNDIAL

"A maioria das pessoas vê o sapato como um acessório para andar, mas alguns sapatos são feitos para correr... e alguns são feitos para o sexo."
Christian Louboutin, designmuseum.org

Christian Louboutin é um designer de calçados de luxo de Paris conhecido pelo design provocador, pelos materiais peculiares, pelos ornamentos delicados e pelos saltos perigosamente altos de seus sapatos. Seu trabalho é inspirado em um estilo de vida eclético e nômade, e suas criações são feitas em viagens entre suas casas em Portugal, no Egito e na França. Sua paixão antiga pela horticultura, pelo punk rock e pela arquitetura também inspira seu trabalho, no qual ele usa cores e texturas – com uma intrigante mistura de recato e entusiasmo – para criar calçados originais e elaborados.

AO LADO Christian Louboutin realiza seus trabalhos mais criativos pela manhã, desenhando centenas de esboços como a primeira etapa de seu processo de criação e depois selecionando os melhores designs para serem reunidos em coleções temáticas de primavera/verão ou outono/inverno.

ACIMA Os sapatos de Louboutin são construídos sobre fôrmas de madeira ou plástico no formato de um pé. Primeiro prende-se uma palmilha na parte de baixo da fôrma e depois monta-se o cabedal em volta da fôrma. Um material mais rígido é usado no salto e no bico por dentro do cabedal para ajudar a manter o formato do sapato. Por fim, prende-se o salto e a sola.

Como um tímido polímata, Louboutin é, além de um dos maiores designers de calçados de luxo do mundo, um talentoso sapateador e trapezista.

A reputação global de Louboutin por seu design e qualidade impecáveis dispensa grandes apresentações, mesmo para aqueles que não conhecem muito de moda. Ele é um dos poucos designers que detêm controle criativo do próprio negócio: desde 1991, tem sido o visionário criativo por trás do império dos calçados Louboutin. A liberdade que isso lhe dá de reagir ao cenário da moda a seu redor e direcioná-lo é crucial. "A coisa mais importante que existe é a liberdade. Então, se você não precisa, por que abrir mão de algo tão importante?", disse ele ao *Belfast Telegraph*.

Os calçados de Christian Louboutin são os queridinhos das mulheres mais estilosas do mundo, e suas criações já foram usadas por figuras como a princesa Caroline de Mônaco, a rainha Máxima dos Países Baixos, a duquesa de Cambridge, Rihanna, Madonna, Gwyneth Paltrow, Jennifer Lopez e Sarah Jessica Parker.

Louboutin ajudou a alimentar a obsessão dos anos 2000 pelas it bags e, com seus inconfundíveis solados vermelhos, por sapatos de marca. Esse detalhe tão característico torna a marca instantaneamente reconhecível – o fato de os cultuados sapatos serem sinônimo de luxo e fama também ajuda. Os sapatos de Louboutin colocam o foco nos pés, valorizando qualquer look.

Cada par de sapatos Louboutin é confeccionado em uma fábrica na Itália por artesãos altamente qualificados, utilizando técnicas tradicionais que consistem em até 30 processos de manufatura. São usados os melhores couros e tecidos finos, como caxemira e gorgorão de seda, que são então cortados em peças seguindo os moldes, costurados e trabalhados para dar vida aos dinâmicos desenhos do estilista.

Todo ano, Louboutin esboça uma média de 600 designs e produz mais de um milhão de pares de sapatos em sua fábrica. A parte de cima do sapato, ou cabedal, pode ser composta de até 12 materiais diferentes, por isso costurá-lo requer que cada um dos pontos, separados por milímetros, seja incrivelmente preciso

ABAIXO Finalizados os desenhos, cada modelo desdobra-se em moldes de peças individuais, uma para cada parte do sapato; essas peças são cortadas manualmente e preparadas para serem costuradas uma na outra.

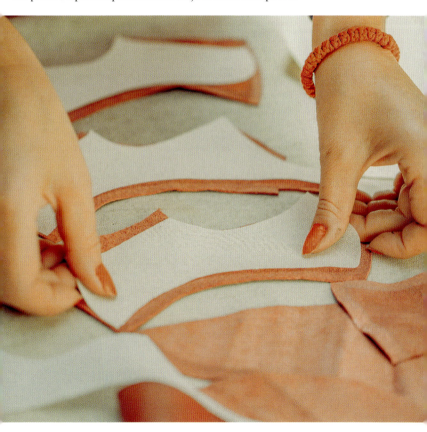

UMA LENDA 11

a fim de fazer jus aos intricados designs. Para criar o formato permanente do sapato, o cabedal é moldado em torno de uma fôrma de madeira com o formato de um pé. O pai de Louboutin era carpinteiro, o que pode explicar sua paixão pelo ofício da sapataria e seu conhecimento sofisticado sobre a confecção de fôrmas. Cada fôrma é própria para um design específico e usada para chegar a um ajuste perfeito.

> "Sempre adorei o desenho das fôrmas – o côncavo e o convexo, o yin e o yang."
> Christian Louboutin, coolhunting.com.

ABAIXO Cada modelo e tamanho de sapato precisa ser montado em um par de fôrmas para produzir um pé direito e um esquerdo com um formato de bico característico. No caso de Louboutin, os sapatos não refletem o formato natural de um pé humano, mas acrescentam um toque fashion por meio de fôrmas com bicos pontudos, arredondados ou amendoados.

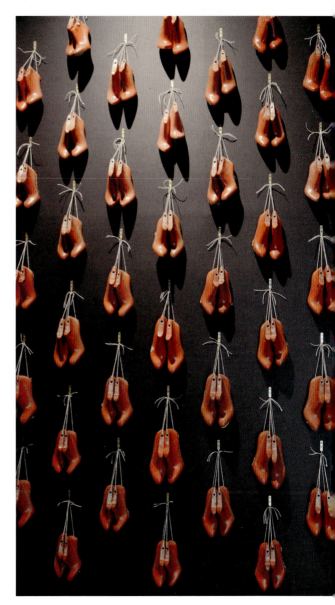

À DIREITA Até as fôrmas de Louboutin são vermelhas. Cada par tem um conjunto de características únicas que replica um formato de bico e um ajuste particulares para tornar o sapato confortável.

UMA LENDA 13

ACIMA Christian Louboutin tem butiques de luxo em mais de 35 países em todo o mundo, onde exibe suas coleções em espaços intimistas em estilo boudoir, com detalhes ousados como seus tapetes carmim característicos, fotografados aqui em 2015 em sua loja na Grande Manchester, no Reino Unido.

Depois são adicionados os saltos com o famoso solado vermelho, e cada sapato é polido e inspecionado para garantir que formará um par perfeito, que atenda aos exigentes padrões de Louboutin.

Os sapatos são vendidos em algumas das butiques mais exclusivas do mundo e nas lojas de marca própria do estilista em mais de 35 países, em cidades como Paris, Londres, Nova York e Moscou. Louboutin já resistiu a ofertas lucrativas de diluir sua marca através de parcerias com redes varejistas. A respeito dessa decisão, ele contou ao *Evening Standard*: "É possível fazer uma linha de baixo custo com um design bonito. O problema é que sou realmente obcecado por qualidade". É verdade que os sapatos da marca não custam pouco – alguns dos pares mais caros podem chegar a £ 4.200 (em torno de US$ 6.000) –, mas eles são feitos com esmero, em uma união de design e habilidade manual. Os clientes ganham uma entrada no exclusivo clube de Louboutin com sua compra, já que a demanda pelos sapatos excede a produção, o que lhes dá um alto valor de revenda e, consequentemente, realça a solidez do investimento.

Além dos famosos solados vermelhos, os sapatos de Louboutin são conhecidos por seus saltos impossivelmente altos. Segundo o *The Sunday Times*, Louboutin teria dito que "É preciso sofrer para ser belo". Isso pode ser verdade para algumas

ABAIXO Christian Louboutin em uma recepção na butique The Corner, em Berlim, 2010. Ele segura um sapato transparente adornado com cristais de strass em frente a vários outros modelos, incluindo scarpins de salto agulha, wedges, botas e sapatos com tiras no tornozelo.

ABAIXO, NO TOPO
A costura do cabedal, a parte de cima do sapato, é um processo delicado que requer precisão para unir as partes do molde, formando uma peça que se encaixe exatamente na fôrma.

de suas peças de museu inspiradas em dominatrixes, mas, quando trabalhou como estagiário com dançarinas no Folies Bergère, ele era enviado para comprar carne a fim de forrar a área dos dedões dos sapatos das bailarinas, o que significa que ele sabe bem como incluir conforto e usabilidade em seus calçados. Louboutin confecciona sapatos femininos até o tamanho 42 europeu (9 no Reino Unido, 12 nos EUA e 40 no Brasil), por causa da demanda de ambos os gêneros por seus saltos, e produz tênis em tamanhos menores pelo mesmo motivo, apoiando o desenvolvimento de uma abordagem nova e mais inclusiva para produtos associados a determinado gênero.

Embora menos conhecidos, calçados masculinos, sapatilhas e bolsas também compõem sua gama de produtos. A marca também abraçou a tendência athleisure ao criar tênis esportivos para a temporada primavera/verão 2019. Sua linha de calçados mais informais já é consolidada e inclui loafers e chinelos, todos com o inconfundível solado vermelho.

Louboutin é um artesão, designer e pioneiro com um forte desejo de criar objetos de beleza, não somente de somar produtos a uma montanha de itens sem sentido. "Acho que

À ESQUERDA A paixão de Louboutin por combinações ousadas de cores e sua atenção à qualidade se refletem em suas paletas de cores vibrantes e no couro de alto padrão que ele seleciona para confeccionar seus sapatos.

isso é quase um dever; se você faz um novo objeto, ele deve ser bonito, porque existe muita porcaria por aí. Não estou falando de moda, estou falando de maneira geral. É importante para o meio ambiente que, se você produz coisas, elas sejam belas", ele disse ao coolhunting.com. Sua visão sustentável do design levou ao Loubi World, a parceria de Christian Louboutin com o aplicativo de jogos coreano Zepeto, que faz apresentações virtuais de suas coleções novas.

À ESQUERDA
Um dos estilistas mais famosos e bem-sucedidos do mundo, Christian Louboutin mantém sua chama criativa acesa desenhando calçados e acessórios masculinos e femininos há mais de três décadas.

Os primeiros anos

JOVEM E CRIATIVO

Christian Louboutin nasceu em Paris no ano de 1963 e foi criado em meio ao burburinho e à diversidade do 12º arrondissement, situado na margem direita do rio Sena. Seu pai, Roger, construía móveis, e sua mãe, Irene, era dona de casa, ambos vindos da Bretanha.

É o caçula de quatro filhos e tem três irmãs. Segundo Louboutin, foram elas as responsáveis pela sua admiração pela feminilidade e que alimentaram seu interesse por moda.

Louboutin começou a ter ideias para calçados já na adolescência, mas sua verdadeira paixão pelos sapatos se acendeu em 1976, quando visitou um museu de Paris perto de sua casa, na época chamado de Musée des Arts Africains et Océaniens, na Avenue Daumesnil (acervo que hoje está no Musée du quai Branly).

AO LADO Esculturas em baixo-relevo na fachada do Palais de la Porte Dorée. Representando a diversidade de povos, a flora e a fauna da história colonial da França, as esculturas inspiraram em Christian Louboutin o amor e o apreço pelas artes manuais.

ABAIXO Uma recriação do aviso "No stilettos" do Palais de la Porte Dorée nos anos 1970, ilustrada por Christian Louboutin. O desenho tinha como legenda: "Minha obsessão vem deste desenho que vi no aquário quando eu tinha 10 ou 12 anos".

AO LADO A premiada cantora, artista, atriz e superstar Cher em 1978. Com suas múltiplas reinvenções, exóticos figurinos inspirados em showgirls e seus looks para o tapete vermelho, ela incorpora a identidade dos designs de Louboutin.

O museu dispunha de um acervo extraordinário de esculturas e peças de artesanato do Mali, da Costa do Marfim e da Oceania em um grandioso imóvel art déco, com preciosos mosaicos e belíssimos e detalhados pisos de madeira. No final dos anos 1950 e início dos anos 1960, os sapatos de salto stiletto, ou agulha, cujo nome é inspirado em um punhal de lâmina fina, estavam em voga e foram proibidos pelo museu para que a superfície do belo piso de madeira não fosse danificada. Uma placa simples com um pictograma era usada para barrar visitantes usando esse tipo de sapato, mas nos anos 1970 o salto já não estava mais na moda, e o aviso não fazia sentido para o Louboutin de 13 anos de idade. Contudo, o pictograma despertou sua curiosidade. "Eu nunca tinha visto aquele tipo de sapato nos anos 1970", contou ao *Footwear News*. "Como podiam fazer um aviso proibindo o uso de um sapato que já nem existia mais? Fiquei obcecado."

Louboutin começou a desenhar sapatos, tornando-se cada vez mais atento ao mundo da moda, cujo centro era Paris. Foi expulso da escola aos 16 anos, mas sempre dizia que estava feliz por sair, pois se sentia muito deslocado e diferente de seus colegas. Então começou a estudar desenho e artes decorativas na Académie d'Art Roederer. Nesse período, descobriu a cantora Cher e, como contou à *Harper's Bazaar*: "Eu vim de outra cultura – a minha é a Cher". Mais ou menos na mesma época, ele também se apaixonou pelo movimento musical e cultural do punk rock. Ambas as descobertas tiveram um impacto profundo sobre sua criatividade, manifestando-se por meio da dureza das tachas e da teatralidade de seus sapatos.

No final dos anos 1970, o jovem estilista já havia se tornado frequentador da cena noturna de Paris e apareceu no clássico filme cult *Race d'Ep*, também conhecido pelo título em inglês *The Homossexual Century*. Ele começou a chamar atenção no mundo da

22 OS PRIMEIROS ANOS

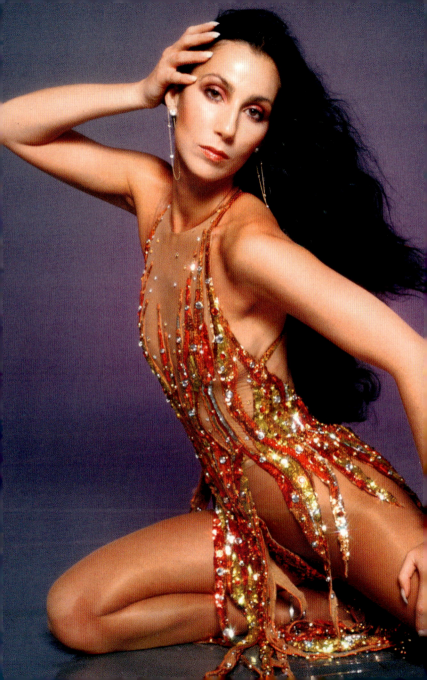

À ESQUERDA
Christian Louboutin
e outros clubbers da
Bande de Bandeaux
na famosa casa
noturna parisiense
Le Palace, 1978.

moda ao entrar para a Bande de Bandeaux, grupo de fashionistas de vanguarda que frequentava a lendária casa noturna parisiense Le Palace, o equivalente francês do Studio 54 de Nova York: todos os famosos queriam ser vistos lá. A clientela do clube incluía celebridades internacionais como Andy Warhol, Mick e Bianca Jagger, Paloma Picasso, Jean Paul Gaultier, Loulou de la Falaise e Roland Barthes, todos frequentadores assíduos. O Louboutin de 15 anos conseguiu ser convidado para a abertura do clube em 1978, como contou à *The Face*: "Eu estava lá na inauguração – Grace Jones ia se apresentar". A Bande de Bandeaux era bem recebida por Fabrice Emaer, dono do Le Palace, que estimulava a individualidade e o visual extravagante do grupo. Louboutin conta que ele batia ponto "praticamente todos os dias" durante o auge da casa, de 1979 até 1981, e criava um figurino novo para usar a cada noite.

Ele passou a trabalhar nos camarins do Folies Bergère, o famoso cabaré que, desde 1867, acumulava um histórico de críticas ultrajantes a seus números de dança. As apresentações traziam figurinos reveladores e enfeites de cabelo extravagantes, cenários e efeitos especiais que atiçavam o gosto para o drama e o glamour de Louboutin. Ele ficava pasmo com a habilidade das showgirls de permanecerem firmes e equilibradas enquanto usavam saltos altos e imensos enfeites de penas na cabeça, e logo percebeu que seu interesse por sapatos era forte.

Após um período de viagens, a fascinação de Louboutin por diferentes culturas do mundo cresceu, especialmente pela cultura egípcia. Anos mais tarde, depois que seus pais haviam morrido, ele veio a descobrir as próprias origens mestiças – seu pai biológico era um homem egípcio, e não o carpinteiro parisiense que o criara. Suas viagens pela Índia o inspiraram a reunir um portfólio de ideias criativas e designs elaborados de sapatos e lhe deram o impulso criativo para procurar trabalho como estilista.

De volta a Paris em 1982, ele levou seu portfólio até as principais maisons de alta-costura da época. Os esforços foram recompensados quando seu talento foi notado por Charles Jourdan, um famoso designer de calçados que lhe ofereceu um emprego como designer freelancer – assim teve início sua carreira, que foi ganhando força conforme ele trabalhava para os estilistas mais influentes da época, como Chanel, Yves Saint Laurent e Maud Frizon. Em 1983, ele começou a trabalhar para Christian Dior e, em 1987, conheceu o grande designer de sapatos Roger Vivier, que havia colaborado com Dior nos anos 1950. Vivier teria sido o inventor do salto agulha, cuja imagem intrigou o Louboutin de 13 anos no Musée des Arts Africains et Océaniens. Louboutin conhecia bem o trabalho de Vivier, que por sua vez admirava o talento de Louboutin. Ele ofereceu ao jovem um estágio para os dois anos seguintes e se tornou seu amigo e mentor no processo. "Vivier me ensinou que as partes mais importantes do sapato são o corpo e o salto. Assim como uma boa estrutura óssea, se você acerta nessa parte, o resto é perfumaria", contou Louboutin à *Newsweek*.

ABAIXO As influências punk rock são recorrentes no trabalho de Christian Louboutin – ele resgata elementos como spikes, materiais refletivos como couro preto envernizado e cores neon vibrantes, que são sinônimo do punk.

OS PRIMEIROS ANOS 27

O nascimento de uma marca

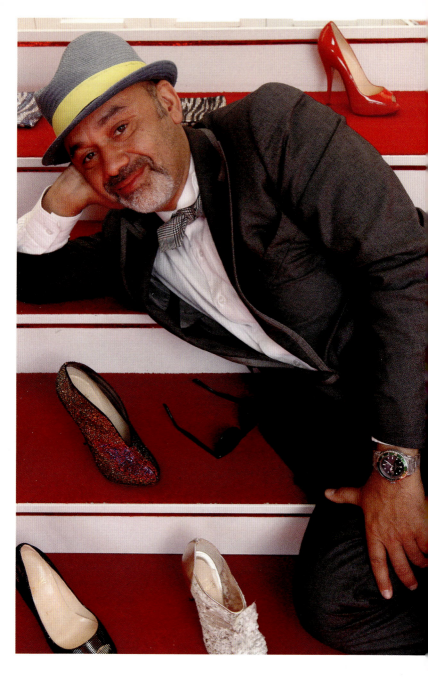

OS PRIMÓRDIOS DE UM ÍCONE

Por um período no final dos anos 1980, Christian Louboutin fez uma pausa na carreira de designer de sapatos e voltou sua atenção para a horticultura.

O talento de Louboutin para cores, texturas e formas se traduzia facilmente em designs criativos para o paisagismo de jardins. Ele contribuía regularmente com suas ideias para a *Vogue*, mas não demorou até que retornasse à sua grande paixão, o design de sapatos, e começasse a criar as próprias coleções. Ele admitiu que "não tinha paciência de esperar uma muda crescer cinco metros". Seu primeiro sapato foi influenciado pelo aquário tropical do subsolo do Palais de la Porte Dorée, o museu art déco que ele frequentava quando criança. Ele ficava fascinado pelos peixes exóticos iridescentes do aquário, o que o levou a usar couro com padrão de escama de peixe e a criar uma silhueta diferente para o sapato e o salto de seu modelo Maquereau em 1987. O termo francês, que designa um peixe, também é uma gíria para "cafetão", o que

AO LADO Christian Louboutin começou a desenhar as próprias coleções em 1991. Aqui, ele aparece com sua coleção primavera/verão 2010.

conferia uma insinuação sexual a seu primeiro sapato, prática que se tornou recorrente no trabalho de Louboutin.

Louboutin fundou a própria empresa com a ajuda de dois amigos em 1989. Dois anos depois, em 21 de novembro de 1991, ele abriu uma pequena butique com o seu próprio nome em Paris, na Rue Jean-Jacques Rousseau, no 1º arrondissement.

Uma de suas primeiras clientes foi a princesa Caroline de Mônaco, que um dia entrou por acaso em sua loja. Um jornalista de moda, que também por acaso estava na butique na mesma hora que a princesa, a ouviu se derretendo pelos sapatos. Graças ao apoio da princesa e à cobertura da mídia, a relação de Louboutin com clientes famosos se consolidou, e ele

À DIREITA A gravura Pop Art em silkscreen *Flowers*, de Andy Warhol, foi a motivação criativa por trás do sapato Pensée, com seu desenho estilizado de uma violeta, que é simples, mas efetivo. O sapato foi usado pela primeira cliente famosa de Christian Louboutin, a princesa Caroline de Mônaco.

se firmou como o designer de sapatos de estrelas como Diane von Furstenberg e Catherine Deneuve, que se tonaram devotas de seus saltos agulha. Seus stilettos logo começaram a ser comprados por nomes como Joan Collins e Madonna, seguidas por Gwyneth Paltrow, Jennifer Lopez, Nicki Minaj, Kim Kardashian e Christina Aguilera.

A partir de sua primeira butique em Paris, em 1991, Louboutin construiu uma rede de mais de 70 lojas em ao redor do mundo, todas com uma arquitetura luxuosa e fachadas arrojadas. Ele abriu a primeira de suas 15 lojas americanas em Nova York em 1994, antes de abrir filiais em Londres (1997) e Moscou (2002),

O NASCIMENTO DE UMA MARCA 33

AO LADO Os inseparáveis sapatos LOVE foram criados em 1992, inspirados por uma imagem da princesa Diana sentada sozinha e desamparada durante uma visita ao Taj Mahal, na Índia. Louboutin escreveu "LO" em um pé e "VE" no outro para que, quando unido, o par de sapatos exibisse a palavra "LOVE".

assim como unidades em Jacarta, Las Vegas, Paris, Tóquio e Cingapura nos anos seguintes.

Ele adotou os lendários solados vermelhos em 1992 e então disse: "Eu queria criar algo que rompesse as regras e fizesse as mulheres se sentirem confiantes e poderosas".

Durante os anos 1990 e o início dos anos 2000, Louboutin deu nova vida ao salto agulha, desenhando uma série de sapatos extraordinariamente altos enfeitados com laços, miçangas, penas e tachas, mas ele chamou a atenção do mundo pela primeira vez com um par de excêntricas sapatilhas lindamente confeccionadas que ele chamava de "inseparáveis" – um termo da indústria de calçados que designa quando um único design cobre a gáspea (a parte de cima da frente do sapato) de um par de sapatos a fim de criar uma imagem complementar, tornando um pé "inseparável" do outro. Os Inseparáveis de Louboutin ficaram conhecidos como sapatos LOVE e teriam sido inspirados por uma foto da princesa Diana tirada em frente ao Taj Mahal, na Índia, em 1992. No documentário *Christian Louboutin: The World's Most Luxurious Shoe*s, ele relembrou: "Ela olhava para os pés e me pareceu tão triste que pensei que seria bom se ela tivesse algo para fazê-la sorrir quando olhasse para os pés". Louboutin então se pôs a trabalhar para criar um par de sapatilhas. Ele desenhou os sapatos e colocou "LO" em um pé e "VE" no outro, de modo que, quando estivessem juntos, como na pose da princesa Diana, se formasse a palavra "LOVE".

O conceito dos Inseparáveis continua a aparecer nas coleções de Louboutin até hoje, mas foi elevado a outro nível pelos Tattoo Parlors localizados em suas lojas masculinas. Designs personalizados podem ser bordados em um par de loafers, tênis ou brogues, que levam então três meses para serem criados por artesãos na Itália e na Índia. O serviço se tornou tão popular que também foi disponibilizado para as mulheres em sapatilhas, tênis, ankle boots e scarpins.

O NASCIMENTO DE UMA MARCA

ACIMA A tote bag Paloma é uma das favoritas de celebridades como Jennifer Lopez e Gwen Stefani, com sua referência aos solados vermelhos dos sapatos de Louboutin no forro e nos foles da bolsa.

Louboutin sempre resistiu a ofertas de licenciar seu nome, mas suas ambições criativas o levaram a expandir seu alcance através de extensões da marca – a primeira diversificação foi em 2003, com o lançamento de bolsas. Elas ostentavam todos os adornos opulentos, as peças chamativas e o esmero da confecção dos calçados e também traziam a cor carmim no forro, em correspondência ao solado dos sapatos. Toda grande estrela de Hollywood usando os sapatos de solado vermelho de Louboutin agora poderia carregar também suas bolsas. A tote bag Paloma se mostrou a melhor bolsa "cabe-tudo" para ostentar pela cidade, e a Rougissimie foi um sucesso instantâneo no tapete vermelho.

Em 2011, Louboutin lançou uma linha de calçados masculinos em uma nova loja exclusiva em Paris. Há diferentes explicações para a criação dessa linha masculina. Uma delas conta que uma mulher teria pedido a Louboutin que criasse um par de sapatos sob medida no tamanho 43,5 europeu (10,5 no Reino Unido, 12,5 nos EUA), mas nunca chegou a buscá-lo, então o estilista o teria dado de presente para o marido de uma amiga. Outra atribui ao cantor MIKA a ideia de começar uma linha masculina, quando ele pediu a Louboutin que desenhasse todos os sapatos para sua turnê. Qualquer que seja o motivo, o olhar de Louboutin para detalhes, estética e sua obsessão com trabalhos manuais e materiais de qualidade tornaram sua linha masculina tão desejável e durável quanto a feminina.

Para expandir seus negócios sem perder o controle criativo, Louboutin estabeleceu relações com empresas com expertise em desenvolver e vender novos produtos que complementassem suas coleções de calçados. Quis criar os próprios cosméticos e fez uma parceria com a Batallure Beauty LLC, em 2012, para lançar a Christian Louboutin Beauté em julho de 2014. A nova empresa apresentou uma linha de esmaltes e disponibilizava

ABAIXO O Espelio tem um salto plataforma wedge generosamente coberto por franjas de metal e um cabedal com uma tira de couro specchio em T que fecha em nó, rodeando o tornozelo. Continua sendo um dos sapatos Louboutin mais reconhecíveis em razão de sua silhueta marcante.

O NASCIMENTO DE UMA MARCA

ABAIXO Um mostruário de batons em 38 cores criadas para combinar com diversos tons de pele, incluindo a icônica cor vermelho-laca de Christian Louboutin. Todos vêm em embalagens de vidro singulares, inspiradas na arquitetura babilônica.

AO LADO O cantor MIKA calça oxfords pretos com spikes dourados e detalhes em brocado no BRIT Awards de 2010.

o Rouge Louboutin, seu emblemático tom de vermelho, com exclusividade na Saks Fifth Avenue, em Nova York. Assim como os solados vermelhos, os produtos ganharam atenção pela embalagem provocativa e escultural que refletia a originalidade e a paixão da marca pela inovação.

Em 2015, ele expandiu sua marca de cosméticos para incluir uma coleção de batons em 38 tons diferentes. A embalagem era inspirada na arquitetura babilônica e em antiguidades do Oriente Médio. Em 2016, Louboutin adicionou fragrâncias – Bikini Questa Sera, Tornade Blonde e Trouble in Heaven –, com frascos desenhados por Thomas Heatherwick.

Em 2017, Louboutin apresentou sua coleção em edição limitada de sapatinhos de bebê com solado vermelho em parceria com a Goop, marca de Gwyneth Paltrow. A coleção Loubibaby trazia sapatinhos no estilo boneca em cetim rosa, vermelho, azul e dourado e em couro napa, cada um com um lacinho feito à mão, tão refinados quanto os produtos de Louboutin em tamanho adulto. A respeito dessa parceria, ele disse à *Glamour*: "Gwyneth é uma ótima parceira do crime. Quando a amizade encontra o trabalho, o resultado é diversão levada a sério".

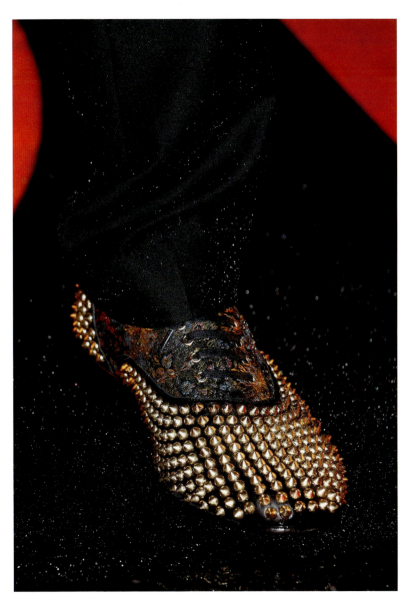

O solado vermelho

RED BOTTOMS

"Em 1992, incorporei o solado vermelho ao design dos meus calçados. Isso aconteceu por acidente – sentindo que faltava energia a eles, apliquei esmalte vermelho na sola de um sapato. Foi um sucesso tão grande que acabou se tornando um elemento permanente."
– Christian Louboutin

A marca Christian Louboutin é reconhecida no mundo todo instantaneamente graças a seus característicos solados de laca vermelha – hoje universalmente tidos como um símbolo de luxo e elegância. No entanto, foi por acaso que nasceu a sola vermelha. Em uma tarde, o protótipo de um sapato inspirado na obra *Flores* de Andy Warhol havia chegado ao estúdio. Louboutin sempre quis criar um sapato que fizesse referência ao trabalho de Warhol, e ele surgiu com o cabedal rosa e o salto adornado com uma flor estilizada. Embora se parecesse com seu esboço inicial, Louboutin disse que "faltava energia ao sapato". Ele reparou em uma assistente que pintava as unhas de vermelho e teve a inspiração de pintar o solado do sapato dessa cor. O vermelho, que simboliza amor, paixão e sangue, foi usado por Louboutin para criar um atalho visual para empoderar

AO LADO A cor vermelha é aplicada ao solado de todos os sapatos Christian Louboutin com uma técnica de laqueamento especial conhecida apenas por seus fabricantes. Ela acrescenta um acabamento perfeito e brilhante às solas, que depois são carimbadas com o logotipo e o tamanho.

as mulheres, permitindo que elas rompessem com restrições sociais enquanto usavam seu "sapato proibido".

Sua importância cultural é tão grande que eles foram imortalizados até na música, como na faixa "Red Bottoms", do rapper The Game. O vermelho Louboutin tem inclusive o próprio código de cor, o Pantone 18-1663 TPX.

O status do vermelho do solado não deve ser subestimado – ele não é somente uma cor, mas também um dispositivo de atração que captura nosso olhar para uma parte negligenciada do sapato. A sola de um calçado sempre foi vista como algo puramente funcional, e não como uma oportunidade de design ou de branding. A genialidade de Louboutin foi pegar essa parte antes ignorada e torná-la não só visualmente dinâmica, como também comercialmente útil na comunicação de sua marca. Ele foi tão bem-sucedido nisso que se pode dizer que hoje não há nenhuma outra característica em sapatos tão reconhecida globalmente quanto seu solado vermelho.

Essa foi uma forma engenhosa de unificar todas as extensões da marca Louboutin por meio de uma única cor, que reflete sua reputação de opulência, luxo, qualidade e sensualidade.

ABAIXO
O sapato Pensée foi originalmente criado em 1992. É considerado o primeiro sapato a ter o solado vermelho e permanece nas coleções de Christian Louboutin até hoje, retrabalhado em novas versões.

AO LADO
A influenciadora Kiwi Lee com a sandália peep toe Pensée 85 bicolor em amarelo--banana e camurça preta, com fecho de flor na lateral do tornozelo.

NO VERSO (p. 46-47)
Uma impactante repetição visual do solado vermelho criada para a retrospectiva de 2020 das décadas de trabalho de Louboutin em Paris.

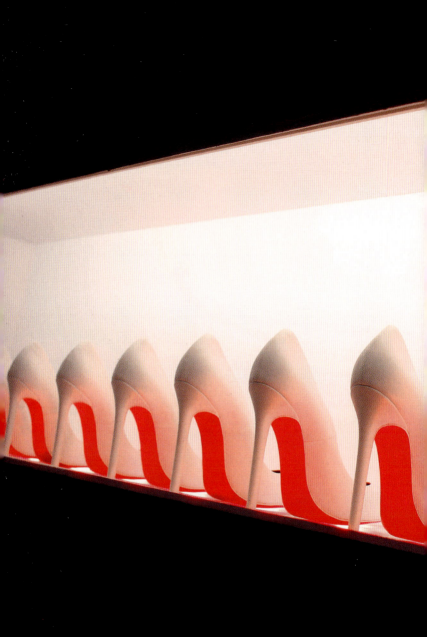

O vermelho-laca é usado em todos os solados dos sapatos Louboutin, tanto masculinos quanto femininos, no forro das bolsas, nas paletas de cores dos cosméticos e nas embalagens dos perfumes. A cor despertou um vício pelo solado vermelho que move colecionadores a comprarem literalmente milhares de pares de uma só vez. Louboutin comenta que os homens acham o artifício sedutor: "Os homens são como touros. Eles não resistem ao solado vermelho".

A cor não é obtida através do curtume, processo tradicional usado para colorir o couro, mas sim por meio de um delicado processo de laqueação conhecido somente pelos fabricantes de confiança de Louboutin. As solas chegam à fábrica protegidas por um filme transparente para evitar arranhões e machucados, e essa cobertura só é removida quando os sapatos estão finalizados e embalados.

Mas os sapatos não são somente objetos bonitos e esteticamente agradáveis, eles também têm uma função – serem usados. Os solados laqueados, arautos da marca Louboutin, começam a ficar gastos assim que pisam em um tapete vermelho.

O Leather Spa, uma loja de reparos em Long Island, Nova York, é famoso por sua tradição artesã, atenção ímpar a detalhes e expertise manual de mais de 30 anos. Essa empresa familiar moderna é conhecida por aqueles que têm a sorte de possuir um par de sapatos Louboutin original. Todo ano, eles renovam o destino de milhares dos icônicos sapatos de solado vermelho e, ao fazê-lo, mantêm a mística da marca Louboutin. A loja se tornou célebre por ajudar a preservar, proteger ou refazer solas Louboutin e estima que entre 400 e 1.000 pares sejam restaurados ali a cada mês.

Esses especialistas dedicados aos couros de luxo oferecem aos clientes uma gama de diferentes serviços artesanais. Os solados podem ser revestidos com borracha vermelha, mantendo a cor quando usados, ou os clientes podem pedir que as solas sejam repintadas por meio de um delicado processo que primeiro cobre completamente o cabedal (toda a parte superior do sapato) para protegê-lo. Então, as solas são muito delicadamente lixadas para deixar o acabamento liso como o de um par novo. E, por fim, são aplicadas quatro ou cinco camadas de tinta vermelha em tom idêntico ao vermelho Louboutin, com no mínimo uma hora de secagem entre cada aplicação. Os clientes mandam retocar seus sapatos a cada dois ou três usos para proteger seu investimento em um símbolo de status tão estimado e preservar o prestígio de seus Louboutin.

À ESQUERDA O estilista foi brilhante ao aplicar o vermelho em uma parte funcional e altamente visível do sapato para caracterizar sua marca e torná-la memorável. O solado vermelho ganhou tanta importância que virou moeda social e símbolo de status no mundo da moda, e "red bottoms" se tornou uma espécie de apelido dos sapatos de Christian Louboutin.

ABAIXO O que pode ser melhor que um red bottom? Apenas um red bottom autografado. Estes sapatos de salto alto em couro de bezerro preto autografados, com um laço decorativo no salto, ficaram expostos na loja de departamentos Barneys em Beverly Hills, Califórnia, 2008.

Com tanta importância investida no sucesso global de seus sapatos, Christian Louboutin teve muitos imitadores. Durante muitos anos, o solado vermelho foi motivo de litígio.

Christian Louboutin entrou com o primeiro pedido de registro de marca em 2001. As tentativas de proteger seu solado característico com um registro de marca no mundo todo tiveram diferentes graus de sucesso. A princípio, sua solicitação foi negada basicamente pela natureza funcional e utilitária da sola de um sapato, que não teria direito ao registro de marca, pois era considerada essencial para a função de um sapato, e não parte de sua estética. Em 2007, na terceira tentativa, Louboutin incluiu no pedido o desenho de um sapato de salto alto, com um solado

vermelho claramente marcado e o restante do calçado como um contorno tracejado. A solicitação descrevia o objeto do pedido de registro como "um solado vermelho laqueado em calçados". Dessa vez, seu pedido foi atendido, e, em 1º de janeiro de 2008, a proteção do solado vermelho como elemento de design foi garantida nos EUA.

A primeira ação movida por ele foi contra a Yves Saint Laurent, em 2011. A justiça determinou que uma cor não poderia ter um registro de marca passível de proteção, decisão revertida após recurso graças a um caso anterior de patente de cor que estabelecia que cada circunstância deveria ser avaliada individualmente. A decisão do Tribunal de Recursos

ACIMA Botas Psybootie de camurça azul-marinho e mesh nude com sobreposição de renda azul-marinho, além do icônico solado vermelho, que fica mais visível por trás, oferecendo lampejos de cor quando o sapato é usado.

dos EUA foi favorável a Louboutin, reconhecendo a originalidade com que ele havia aplicado a cor vermelha em um contexto que parecia incomum em um sapato. Ele então passou a associar a cor a seus produtos de modo intencional, criando um traço identitário firmemente associado à sua marca.

Desde 1992, Louboutin monopoliza os solados de laca vermelha. Ele os consolidou como mais do que uma simples marca registrada de solados vermelhos em sapatos – trata-se de um tom específico de vermelho em um ponto específico em um sapato. O solado Louboutin não é meramente ornamental; simboliza a consistência na alta qualidade e na inovação que a marca construiu ao longo de trinta anos. Tribunais do mundo inteiro concordaram que esses solados merecem a proteção concedida a marcas registradas convencionais, e isso permitiu à empresa afugentar qualquer aspirante a seu trono entre os calçados de luxo.

Destaques
da carreira

CONQUISTAS E MARCOS

O sucesso comercial de Louboutin é inegável. Por três anos seguidos, em 2007, 2008 e 2009, ele encabeçou o ranking Luxury Brand Status Index do Luxury Institute, que identificou seus sapatos como os calçados mais prestigiosos para mulheres.

Louboutin se tornou a marca de sapatos mais buscada na internet em 2011, e seus calçados têm enfeitado os pés de celebridades, formadores de opinião e influenciadores há décadas. Para além do sucesso financeiro, seus sapatos atingiram uma importância cultural que é reconhecida por meio de prêmios, da estima de colegas e de exposições que exibem seu trabalho. Louboutin recebeu dois prêmios da Fashion Footwear Association of New York (FFANY), em 1996 e 2008, e a revista *Footwear News* o elegeu Marketer of the Year em 2015 por sua campanha nas mídias sociais #LouboutinWorld, com clientes reais. Também em 2015, Michael Waldman filmou um documentário para o Channel 4 do Reino Unido chamado *Christian Louboutin: The World's Most Luxurious*

AO LADO Ankle boot Let Me Tell You (2012), com cadarços, letras costuradas no cabedal em torno de um solado plataforma vermelho e salto agulha amarelo, exibida em um aro listrado no Design Museum, Londres, Reino Unido, 2012.

ABAIXO Sapatos de veludo preto com tiras transparentes e um logotipo YSL em strass, desenhados para Yves Saint Laurent para comemorar o quadragésimo aniversário da marca de luxo em 2002. Os sapatos ganharam o nome de Christian Louboutin for Yves Saint Laurent Haute Couture, e a colaboração foi a única vez que Saint Laurent trabalhou com outro estilista.

Shoes. Produzido ao longo de um ano, o filme de bastidores traz um olhar sobre a energia criativa e a determinação de Louboutin que consolidaram sua importância no mundo dos sapatos. A dra. Valerie Steele, historiadora de moda, diretora e curadora-chefe do Fashion Institute of Technology (FIT) Museum em Nova York, disse a respeito de Louboutin: "Christian Louboutin é um dos mais famosos designers de calçados da história e teve um tremendo impacto na indústria da moda por ter se tornado quase sinônimo de sapatos sensuais e luxuosos".

Em 2002, Louboutin foi convidado a criar um sapato para o desfile de despedida de Yves Saint Laurent da alta-costura. Esse foi um momento definidor em sua carreira, que marcou a única vez em que Saint Laurent associou seu nome ao de outro estilista. O sapato, que ganhou o nome de "Christian Louboutin for Yves Saint Laurent Haute Couture 1962-2002" foi exibido

na parte final do desfile primavera/verão 2002, que celebrava os 40 anos da YSL.

Em 2008, o prestigioso museu do Fashion Institute of Technology de Nova York, um dos poucos do mundo dedicados à arte da moda, organizou uma retrospectiva de seu trabalho. Sole Desire: The Shoes of Christian Louboutin, em 2008, foi a primeira exposição dedicada a Louboutin em reconhecimento à sua influência mundial como designer de sapatos e às suas contribuições para a moda. A exposição celebrou o inovador estilista documentando um estilo de design que exala erotismo, reconhecendo sua habilidade instintiva de responder aos desejos de seus clientes por meio dos calçados.

ACIMA O scarpin Daffodile em meia-pata contínua, cabedal nude e salto de 16 cm, coberto com renda preta e lantejoulas, incluído na retrospectiva The Showgirl, 2012.

DESTAQUES DA CARREIRA 57

À ESQUERDA Bota de cano médio em couro marfim e cabedal com desenho de renda cortado a laser, com detalhe de spikes prateados no salto e na biqueira. O topo da bota é contornado com pelinhos marfim. Essa bota foi incluída na retrospectiva The Showgirl, 2012.

À DIREITA Bota de cano médio em meia-pata contínua de camurça de bezerro cor terracota (2008), com costura central na gáspea, além de cabedal e salto cobertos com spikes dourados. Design Museum, 2012.

À ESQUERDA
A transparência foi um tema importante na exposição The Showgirl, com destaque para esta bota de cano alto em renda preta sobre mesh nude, com zíper na parte de trás e salto alto, exibida em frente a um carrossel inspirado em penteadeiras de camarim.

À DIREITA A instalação The Shadow Theatre, com teatro de sombras, utilizou sombras de maneira inteligente para criar uma silhueta minimalista incomum de três sapatos Louboutin. Design Museum, 2012.

Quatro anos depois, em 2012, o Design Museum, em Londres, organizou a primeira exposição do trabalho de Louboutin no Reino Unido, destacando sua afirmação: "Toda mulher quer ser uma showgirl". A exposição foi uma experiência teatral que marcava os 20 anos de Louboutin como designer de sapatos. Seus calçados glamourosos, elegantes e potentes foram abordados à luz de suas inspirações criativas, agrupadas nos temas transparência, viagens, arquitetura, entretenimento e trabalho manual, em uma tentativa de expressar seu talento artístico.

DESTAQUES DA CARREIRA 61

ABAIXO Como o primeiro criador convidado do Crazy Horse, em Paris, Christian Louboutin elaborou uma linha de sapatos que reflete seu amor pelo teatro de variedades, pelo cabaré e pelo burlesco para um novo espetáculo intitulado *Feu*, 2012.

Louboutin lançou uma coleção-cápsula exclusiva para o mesmo aniversário de 20 anos. Os vinte sapatos e as seis bolsas da coleção eram todos reinterpretações de modelos clássicos Louboutin inspirados no amor do estilista pelo cabaré, por viagens e pela arquitetura, elementos que se tornaram definidores em seu trabalho. Ele também se tornou o primeiro criador convidado do Crazy Horse a dar uma interpretação diferente ao icônico cabaré parisiense. Com artistas e coreógrafos, ele criou quatro atos originais para o espetáculo, com o título *Feu* (*Fogo*). No espetáculo, ele incutiu sua visão e seu talento para a teatralidade, incluindo uma dança inspirada no vodu que mostrava mãos invisíveis acariciando a dançarina e deixando marcas fluorescentes em seu corpo. O espetáculo foi filmado com tecnologia 3D pelo diretor Bruno Hullin.

À DIREITA
A exposição retrospectiva The Showgirl, no Design Museum, explorou a experiência de Christian Louboutin no teatro e seu interesse pelo cabaré, pelo burlesco e pelo circo em um cenário teatral, usando carrosséis espelhados cercados por lâmpadas, mostrados aqui expondo sua ankle boot Marale em mesh transparente e strass.

DESTAQUES DA CARREIRA

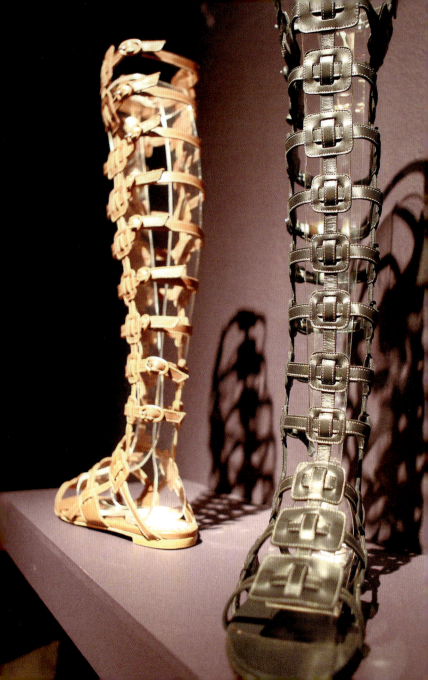

Louboutin foi um dos primeiros designers a trabalhar a diversidade na indústria da moda. Em 2013, a coleção Nudes, concebida originalmente em 2008, reconhecia a natureza multicultural de seus públicos pelo mundo. Ele criou scarpins de couro e sapatilhas em uma série de cores para celebrar os diferentes tons de pele, que iam do marrom-escuro até o rosa-clarinho. Essa "ideia muito simples" de Louboutin foi concretizada em cinco tons de pele e produzida como uma coleção de calçados inclusivos e relevantes. Redes varejistas do mundo todo compartilharam de sua visão para a coleção Nudes e reconheceram sua abordagem inovadora e que visava celebrar os diferentes tons de pele. A coleção fez tanto sucesso que mais tarde os tons de pele se ampliaram para sete na coleção NudesForAll, primavera/verão 2019. Parte da receita da venda dos sapatos depois foi revertida à caridade.

AO LADO Botas gladiador de cano alto e sem salto fechadas por tiras em torno da perna que definem a panturrilha. Mostradas aqui em couro creme e verde-oliva. Design Museum, 2012.

ABAIXO Sapato tipo mule em cetim azul, com longas tiras que vão ao redor do tornozelo e penas decorativas no cabedal, repleto do glamour das dançarinas do Folies Bergère. Exposto no Design Museum, Londres, 2012.

NO VERSO Uma colagem de scarpins, sandálias plataforma, saltos altos com tiras no tornozelo e mochilas marinheiro transparentes da coleção Nudes, que celebra a diversidade dos tons de pele, na retrospectiva L'Exhibitioniste, Paris, 2020.

DESTAQUES DA CARREIRA 65

AO LADO Angelina Jolie, atriz e ativista humanitária, revela o Malangeli na estreia do filme *Malévola*, da Disney, de 2014. O sapato tem um salto torcido e um cabedal assimétrico recortado, inspirado em sua personagem malvada no filme. Os lucros da venda do sapato foram doados para instituições de caridade.

Em 2014, uma seleção dos scarpins Fifi de Christian Louboutin foi exposta no Victoria and Albert Museum, em Londres, como uma das doze exposições iniciais da mais nova galeria do museu, a Rapid Response Collecting, dedicada a um novo estilo de curadoria instantânea de obras que dialogam com questões contemporâneas. Em reconhecimento ao sucesso de Nudes de Louboutin, seu clássico scarpin Fifi foi exibido em cinco tons de pele, passando a compor uma exposição permanente na galeria.

Pouco depois, Louboutin desenhou o Malangeli para a personagem de Angelina Jolie no filme *Malévola*, da Disney. O sapato foi vendido em edição limitada em lojas Christian Louboutin selecionadas do mundo todo, e os lucros foram revertidos para a SOS Children's Villages, ONG apoiada por Angelina Jolie.

Também em 2014, Louboutin desenhou a icônica bolsa Monogram, com o símbolo da LVMH estampado para celebrar os 160 anos da Louis Vuitton. No mais puro estilo Louboutin, seus exigentes padrões de design e trabalho manual criaram uma estilosa tote bag com tachas, com seu famoso vermelho-laca realçando cada detalhe.

A bolsa tinha um bolso frontal com tachas e compartimentos internos sofisticados, tudo com detalhes em vermelho e a parte de trás em pelo de bezerro vermelho. Louboutin também criou uma versão maior, a Shopping Trolley, que acompanhava uma bolsa clutch com o logo da Louis Vuitton e estampada com o canvas Damier.

Em 2019, Christian Louboutin entrou para a prestigiosa lista de estilistas a receberem o Couture Council Award for Artistry of Fashion. Essa honraria reconheceu seu talento como estilista e o esmero manual dedicado a seus sapatos, reforçados por sua perspectiva de valorização do trabalho artesanal ao redor do mundo. Esse olhar para as técnicas artesanais lhe permitiu

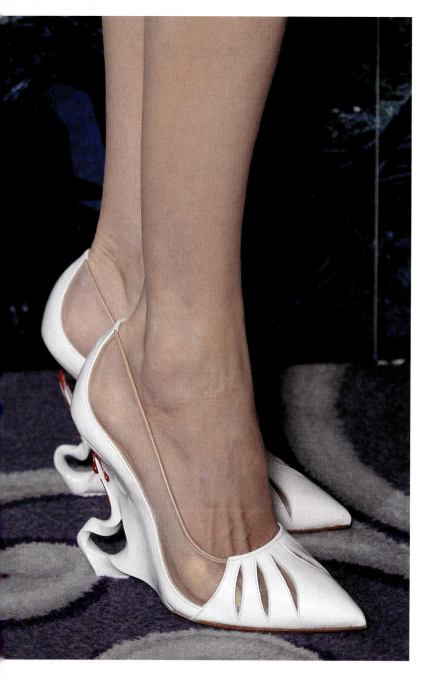

AO LADO Christian Louboutin com a estilista de moda belga Diane von Furstenberg no almoço do Couture Council, no qual ele recebeu o Couture Council Award for Artistry of Fashion, 2019.

ABAIXO O sapato de fantasia definitivo, com um cabedal em mesh transparente adornado com strass dourado e spikes em estilo rinoceronte no bico e na parte de trás do salto plataforma em pele de cobra dourada.

expandir seus limites criativos, celebrar a inclusão e valorizar a troca de ideias e técnicas de diferentes culturas.

L'Exhibitioniste, talvez a retrospectiva mais completa de todas as exposições de Louboutin, foi realizada no Palais de la Porte Dorée, seu refúgio de infância em Paris, de 2020 a 2021. Foi esse museu que primeiro despertou sua curiosidade por sapatos e seu amor pelas artes decorativas. A exposição marcou um retorno para Louboutin, que voltava à sua Paris natal como um dos mais bem-sucedidos designers de sapatos do mundo. Com um mix eclético de suas inspirações, o amor evidente por Paris, a dramaticidade visual e a diversidade cultural, a exposição celebrava seu trabalho, mas não na forma de uma retrospectiva convencional. "Não é uma retrospectiva do meu trabalho. Ela celebra a colaboração, mas não com outras marcas, e sim a resultante da troca de ideias com todas as pessoas que já me inspiraram", Louboutin teria dito à *Footwear News*. O estilista

DESTAQUES DA CARREIRA 71

ACIMA Os escultores londrinos Whitaker e Malem, especialistas em couro, receberam a missão de criar manequins de couro em diferentes tons de pele. Os manequins fundiam corpo e sapato para simbolizar como eles podem se tornar um só e foram exibidos como parte da retrospectiva L'Exhibitioniste no Palais de la Porte Dorée, Paris, 2020.

tem se empenhado firmemente em devolver ao Palais de Porte Dorée seu antigo esplendor.

A exposição exibiu mais de 400 modelos de sapatos de Louboutin e documentou cada momento notável de sua carreira. Ele reuniu artistas e artesãos do mundo todo para criar peças para a exposição que destacassem seu amor pelas artes decorativas e manuais e seu respeito pela originalidade. Obras de arte, instalações e imagens em movimento deram vida ao mundo de Louboutin, tornando seus sapatos mais do que simples peças históricas. Vitrais com desenhos dos calçados foram criados especialmente pelo vidreiro Emmanuel Andrieux, que trabalha com La Maison du Vitrail. A dupla londrina de escultores Whitaker e Malem produziu uma série de esculturas em couro que amalgamam corpo e calçados usando os famosos tons de pele Nudes de Louboutin para simbolizar a relação entre corpo e sapato.

ABAIXO Refletindo um lado mais lúdico da marca, estes scarpins foram criados em 1994 com saltos inspirados em latas da cerveja Guinness, expostos na retrospectiva L'Exhibitioniste no Palais de la Porte Dorée, Paris, 2020.

DESTAQUES DA CARREIRA 73

ABAIXO Uma série de sapatos que demonstram a diversidade de modelos criados por Christian Louboutin durante sua carreira. Palais de la Porte Dorée, Paris, 2020.

NO VERSO Um extravagante letreiro em neon com inspiração circense marca a entrada da exposição The Showgirl, organizada em 2012 no Design Museum de Londres para celebrar os 20 anos da marca Christian Louboutin.

DESTAQUES DA CARREIRA 75

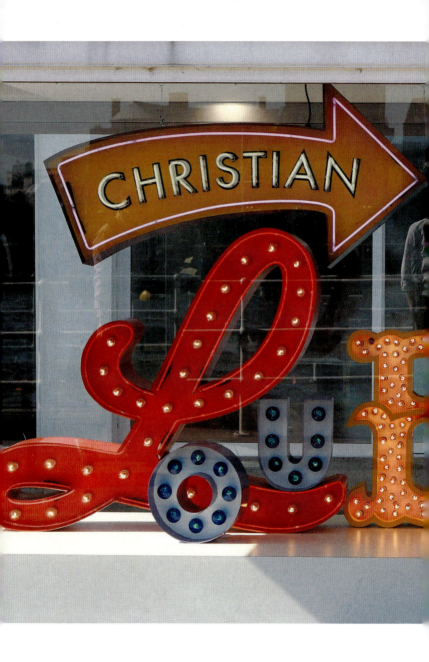

Modelos singulares para mulheres

CLÁSSICOS, SALTOS VERTIGINOSOS E CONTOS DE FADA

Os sapatos de Christian Louboutin variam de modelos de salto alto elegantes e clássicos, como o scarpin Pigalle, até calçados contemporâneos e exuberantes, como os tênis Red Runner, o que faz de sua marca a preferida de amantes de sapatos de bom gosto. Suas criações são um mix sedutor de sexo, glamour, artes manuais e visibilidade de marca.

A estética do design de Louboutin pode ser remixada e reinventada para renovar constantemente as coleções, o que o tem mantido relevante no mundo da moda e capaz de se comunicar com cada nova geração. Favorito da indústria desde que começou como estilista, Louboutin tem uma clientela fiel de famosos, desde as maiores estrelas de Hollywood até os principais influenciadores, e sua popularidade não apresenta sinais de queda desde que ele ficou sob os holofotes do mundo da moda em 1991.

AO LADO O scarpin preto pontudo So Kate em camurça, com seu vertiginoso salto agulha de 12 cm. Esse é o salto mais alto de Louboutin, disponível em uma gama de cores e acabamentos.

MODELOS SINGULARES PARA MULHERES 81

CLÁSSICOS

O Pigalle, scarpin clássico de Louboutin lançado em 2004, vem em inúmeras versões e representa um investimento em um sapato que é sofisticado e sexy. Louboutin descreve o Pigalle como o design que sintetiza sua carreira: ele funciona igualmente bem com um jeans, um vestidinho mais informal ou um longo para a noite. A versão com salto de 10 cm é encontrada em diversos acabamentos, incluindo o de couro envernizado brilhante, sempre popular, com o clássico bico pontudo e o característico solado de laca vermelha. Este se revelou um de seus modelos mais populares, junto com o So Kate. O Pigalle original, o Pigalle Follies e o So Kate são três dos modelos mais cobiçados de Louboutin e se tornaram os pilares do repertório de seus scarpins clássicos. Embora muito similares, eles trazem diferenças sutis no comprimento da gáspea e na espessura do salto.

ACIMA Um par de scarpins Pigalle Follies, com cabedal em couro texturizado furta-cor, pele de cobra e PVC transparente, cria a ilusão de pernas mais longas. O sapato tem tiras finas no tornozelo e um toque fetichista com os spikes no bico.

À ESQUERDA
Em Nova York, 2020, a atriz Hilary Duff caminha com confiança usando um clássico par de scarpins Pigalle em camurça preta com o inconfundível solado vermelho. Esse elegante sapato leva o nome do bairro Pigalle, em Paris.

MODELOS SINGULARES PARA MULHERES 83

SANDÁLIAS

O talento de Louboutin para o design e sua habilidade de infundir o sexo em seus sapatos não se restringem aos saltos agulha. Ele é igualmente hábil em criar sapatos baixos chiques e sexy e produz uma série de sandálias, mules e sapatilhas que combinam com os lugares mais exóticos. Equilibrando a estética beach chic e usabilidade, suas rasteirinhas Copte são muito procuradas para casamentos e festas na praia. Elas podem ser encontradas em uma variedade de cores, com um detalhe trabalhado sobre a gáspea e a palmilha em cores vibrantes. Assim como todos os sapatos Louboutin, a Copte reflete seus padrões de esmero manual, com costuras finas e delicadas e detalhes que usam decorativamente o logo do lado interno da sandália.

SALTOS VERTIGINOSOS

Com 12 cm, o scarpin So Kate tem o salto mais alto da marca. Lançado em 2013, o modelo causou alvoroço logo no início por seu perfil elegante e seu salto superalto. Ele agora pode ser encontrado em várias cores, estampas e padrões. O So Kate é um scarpin como o Pigalle e o Pigalle Follies, só que mais informal – definitivamente um sapato para mulheres de intensa vida social e que funciona bem com um guarda-roupa mais despojado. Seu salto agulha e seu bico fino alongam e favorecem as pernas, e sua gáspea (a parte do sapato que cobre os dedos dos pés) é mais longa do que a do Pigalle e do Pigalle Follies, mais cavados.

AO LADO Em Dusseldorf, Alemanha, 2020, a blogueira de moda, modelo e empresária Alexandra Lapp calça o sapato informal perfeito, o scarpin So Kate em couro bege, combinado com uma calça casual e uma blusa de gola alta.

ABAIXO O scarpin So Kate em couro envernizado rosa neon, com seu bico pontudo característico e salto agulha de 12 cm, projetado para realçar o arco do pé.

AO LADO Dita Von Teese calça o scarpin Degrass em couro nude e PVC, adornado com muitos cristais de strass, no lançamento de seu perfume, 2017.

CONTOS DE FADA

O Body Strass é um sapato sensual que traduz visualmente toda a magia, o glamour e a dramaticidade de um conto de fadas. Ele vem na versão superssalto ou sapatilha fina. A versão mais alta tem o característico salto agulha Louboutin, e ambas têm um corpo quase incolor de tela transparente em nude ou preto, enfeitado com strass e com bordas em couro delicado. O Body Strass é um dos favoritos no tapete vermelho; pode não ser uma peça para o dia a dia, mas tem um toque de glamour dos contos de fadas que chama a atenção sempre que ele faz uma aparição.

STILETTOS

O Bandy tem uma presença dramática e está disponível em versões de cabedais coloridos, lúdicos e ornamentais ou mesmo em deslumbrantes versões em preto com estampa, que misturam PVC e couro de bezerro com acabamento metálico. É um acessório extravagante, mas elegante, que vira o centro de qualquer look, e é o ponto de partida perfeito para se tornar leal à marca. É o sapato ideal para ser o primeiro de um novo cliente da Louboutin, juntamente com um dos mais novos modelos: o Hot Chick, um stiletto em couro envernizado disponível em cores vibrantes. Esse scarpin tem um característico recorte em onda nas laterais que embeleza e emoldura o pé e dá ao sapato um ar leve e jovial, mantendo o amor de Louboutin por uma feminilidade com atitude, combinada com um salto agulha contemporâneo.

MODELOS SINGULARES PARA MULHERES 87

BOTAS

Assertivas e impossíveis de ignorar, as icônicas botas Louboutin estabelecem um novo padrão em adereços para as pernas. A bota Jennifer, que incorpora uma estética punk rock, é somente para aquelas fashionistas com atitude e confiança para calçá-las. Feita com couro perfurado macio e respirável com um cordão na parte superior que pode ser ajustado para criar diferentes silhuetas, a bota traz um provocador peep toe e também pode ser encontrada na versão ankle boot.

AO LADO Em Londres, 2013, a cantora, compositora e atriz Jennifer Lopez usando uma das muitas variações da bota Jennifer. Este é um par das botinhas Guerilla em camurça rosa-choque com spikes.

ACIMA Botas Jennifer slouch em camurça azul-claro macia e perfurada, com amarrações na perna, e ankle boots Fifre Corset em camurça vermelha com fechos em elástico.

À ESQUERDA Botinhas gladiador Azimut em couro napa preto, com open toe e um cabedal com recortes intrincados, avistadas na London Fashion Week primavera/verão 2014.

MODELOS SINGULARES PARA MULHERES

ROMANCE

Ao criar uma linha mais romântica, despretensiosa, mas não menos trabalhada, de sapatos abertos e peep toe, a expertise de Christian Louboutin se estende para além dos stilettos que são sua marca registrada. Nessa linha mais romântica, o Rose Amelie é um dos modelos mais conhecidos. Sua silhueta suave e drapeada com um laço simples no tornozelo e um salto alto quadrado oferece uma versão mais lúdica das sandálias da marca, que atraem a viajante cosmopolita que quer elegância em qualquer ambiente. O Rose Amelie é feito de camurça e pode ser encontrado em delicados tons pastel ou em uma versão mais ousada em couro preto com laço dourado metálico.

PLATAFORMAS

Modelo que domina o portfólio de Louboutin, o Bianca pode ser encontrado na versão sapato ou bota, em couro envernizado do preto ao vermelho, com spikes, ou em couro nude. O gosto por plataformas pode ter fases, mas o Bianca, com seu bico arredondado, plataforma e salto de 12 cm, é uma alternativa aos saltos agulha clássicos. Ele fez surgirem inúmeras imitações, mas Louboutin reinventou esse popular modelo com o scarpin New Very Prive, em meia-pata contínua com um sedutor peep toe, provando estar sempre um passo à frente da concorrência.

ABAIXO, À ESQUERDA
Sapato Electropump em couro preto com sola plataforma curva e spikes na parte traseira do salto, da coleção outono/inverno 2015 de Christian Louboutin.

ABAIXO, À DIREITA
O sapato plataforma Ulona em camurça colorida, com tiras acolchoadas em couro dourado e salto listrado, originalmente inspirado na tribo Maasai do Quênia, e um dos favoritos de celebridades como Khloe Kardashian.

WEDGES

Nenhuma coleção é completa sem uma wedge – mas criar uma wedge elegante é uma verdadeira arte. A sandália Bodrum, feita em algodão trançado à mão com um cabedal de tiras cruzadas e borda em couro sobre uma sola plataforma esculpida, equilibra elegância com altitude. Esse é um sapato glamouroso, com uma silhueta dramática e curva, que eleva a humilde espadrille ao status de sandália de verão definitiva; exótica, mas confortável. Com uma tira larga e um fecho em fivela no tornozelo, pode ser encontrada em diferentes alturas.

ABAIXO Botinha de cano baixo com salto wedge em veludo adornado com cristais de strass. Exposta na butique The Corner, Berlim, Alemanha, 2010.

NO VERSO O sapato Pigalle Spike do desfile primavera/verão 2016 Hawaii Kawaii, que buscava capturar o clima do Havaí dos anos 1950 através de sua paleta de cores vivas e de estampas tropicais exóticas repletas de spikes coloridos. O scarpin Pigalle amarelo neon envernizado aparece ao fundo. Expostos na loja de Christian Louboutin na Madison Avenue, Nova York, 2016.

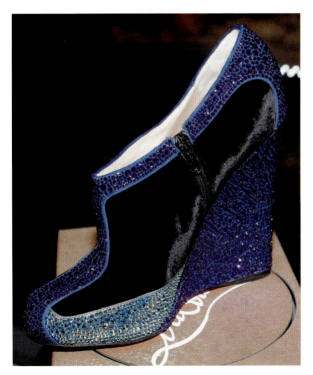

MODELOS SINGULARES PARA MULHERES

A revolução do tênis

OLD SCHOOL & ULTRAMODERNO

Famoso por liderar tendências, e não por segui-las, Louboutin tem sido tão influente na criação de tênis quanto na de seus saltos agulha. De fato, ele abraçou com tudo os tênis, uma das maiores tendências modernas, que revolucionou o mundo dos calçados, nas passarelas e nas ruas.

A marca foi uma das primeiras no setor de calçados de luxo a incluir uma linha de tênis, mais informal, ainda que não menos original ou menos bem-feita. Disponíveis em uma infinidade de cores, tecidos e texturas, esses calçados exalam o espírito de diversão e *joie de vivre* de Louboutin. Eles adicionaram uma nova dimensão a seus clássicos solados vermelhos, e a maioria dos modelos aparece tanto nas linhas femininas quanto masculinas, em uma abordagem que transpõe os gêneros, o que os aproxima de um público mais amplo e mais diverso.

AO LADO Há muitas referências punk nos tênis de Louboutin. Esse modelo de cadarço de 2016, em couro de bezerro dourado, tem um cabedal coberto com spikes também dourados e uma sola branca emborrachada minimalista.

A REVOLUÇÃO DO TÊNIS 97

ABAIXO O tênis slip-on Pik Boat tem uma sola grossa que faz referência aos tênis iate. Essa versão tem um cabedal laranja trançado, detalhado com uma fileira de spikes pretos, elásticos laterais e forro em couro.

Os tênis Louboutin podem ser divididos em modelos old school, de inspiração vintage, e os mais ergonômicos, de performance. Modelos como o Vieira, o Pik Boat, o Louis Junior, o Happy Rui e o Louis Orlato fazem parte dos tênis old school de cano baixo ou alto de Louboutin. O foco de todos eles são os cabedais decorados; os solados têm uma silhueta clean e mais simples, inspirada em sapatos clássicos de basquete, tênis ou iate, com diferentes espessuras. Esses tênis atemporais recebem uma repaginação contemporânea por meio da estética punk de Louboutin, com adornos cravejados na ponta e no calcanhar que transformam designs simples em peças de atitude. Os modelos seguem tendências em athleisure e estilos informais e funcionam igualmente bem com jeans, moletons e calças chino.

Em 2019, Louboutin lançou a linha Run Loubi Run como uma aposta para dominar o mercado de tênis de performance. Ele redefiniu o conceito de tênis de luxo nessa linha de apenas três modelos: o Spike Sock, o 123 Run e o Red Runner.

Cada modelo sintetizava um estilo de vida urbano superativo, misturando criatividade com inovação.

Sempre interessado em hibridismo, Louboutin incorporou a tecnologia à sua geração seguinte de tênis de performance de luxo inspirados em esportes. O Loubishark, que ganhou esse nome por seu solado vermelho tratorado que lembra dentes de tubarão, tem um design ousado e decidido que faz referência à arquitetura. Ele estabeleceu um novo padrão para seus tênis ornamentados, incorporando elementos funcionais e tecidos de roupas esportivas, como neoprene e mesh, com couro. O Loubishark foi lançado originalmente em uma edição limitada exclusiva de 200 pares. Cada um tinha um número de série escondido, mas o sapato se mostrou tão popular que acabou cavando um lugar permanente nas linhas masculina e feminina e se tornou um modelo de entrada para o mundo

ACIMA Estes tênis espalhafatosos expostos na Galerie Véro-Dodat, em Paris, demonstram o amor de Christian Louboutin por cores e texturas. Os tênis coloridos de cano alto em couro de bezerro com glitter e tachas têm cadarços verdes contrastantes e duas biqueiras diferentes: à esquerda, uma versão com glitter e, à direita, uma versão com spikes.

A REVOLUÇÃO DO TÊNIS 99

ABAIXO Modelos como o Spike Sock estabeleceram o lugar de Christian Louboutin no mercado de tênis de luxo. Este sapato, com um cabedal de neoprene e coberto de spikes monocromáticos, entra facilmente no pé.

dos tênis de performance. A linha Run Loubi Run inteira traz tecnologia de absorção de impacto em uma sola de seis partes, que foi desenvolvida ao longo de três anos e desenhada para, com sua silhueta distintamente futurista, incutir o espírito de movimento em um objeto estático. O solado tem o contorno no característico vermelho Louboutin e a assinatura do estilista gravada. A primeira coleção de tênis de corrida representou um novo movimento da empresa em direção aos tênis de performance.

Desenhado para fundir a funcionalidade de um tênis de corrida com o luxo pelo qual Louboutin é conhecido, o Spike Sock exala uma elegância natural, conforto e flexibilidade e logo se tornou um dos modelos mais icônicos da marca. Ele traz um cabedal esportivo em neoprene adornado com as emblemáticas tachas. Apesar do desenho influenciado pelos calçados esportivos, ele apresenta também sofisticação e textura com seu tecido fosco no cabedal, além de adornos.

À ESQUERDA No People's Choice Awards de 2013 no Nokia Theater, em Los Angeles, o ator Robert Downey Jr. posa no tapete vermelho calçando uma versão discreta e monocromática do tênis de cano alto Louis.

Se o Loubishark foi inspirado no interesse de Louboutin por arquitetura, o 123 Run remete aos tempos em que ele desenhava figurinos no Folies Bergère. Ele vem em cores fortes, couros exóticos e cetins, com ornamentos como tachas, cristais, fitas e estampas que caracterizam os sapatos da marca. Com o mesmo solado do Spike Sock, pode ser encontrado em modelos

ACIMA Na vitrine da loja Neiman Marcus, em Nova York, o tênis Red Runner apresenta detalhes emprestados dos tênis de corrida de performance. A amarração deixa o calçado bem ajustado ao pé. O cabedal mistura malha respirável com material cintilante, uma tira com o logotipo sobre o cadarço e uma biqueira furta-cor. Também marca presença um solado de borracha vermelha assinado.

masculinos e femininos. O sucesso do 123 Run foi a inspiração por trás do tênis Red Runner de Louboutin, o último sapato de sua trilogia a sair da academia.

O Red Runner é a estrela dos tênis criados por Louboutin. Inspirado em calçados esportivos tecnológicos, ele é um tênis excêntrico que otimiza conforto e usabilidade por meio de um mix interessante de materiais chamativos e cores ousadas e tem a assinatura de Louboutin em relevo no solado. O Red Runner mescla tecnologias contemporâneas que resultam em um tênis de corrida com todo o estilo e a atitude que já aprendemos a esperar de Louboutin.

A linha Run Loubi Run firmou Christian Louboutin como o designer de calçados favorito para tênis de performance que exalam glamour com ousadia. Suas linhas de tênis old school de cano baixo ou alto reimaginaram com tanto sucesso os tênis vintage dos anos 1970, 1980 e 1990 que o tornaram o mestre dos calçados informais com ludicidade, charme e estilo. O preço desses tênis pode causar certo impacto, mas é fato que eles têm um nível de detalhe e um design de vanguarda, além de fazerem uso original de materiais e de adornos, que fazem valer o investimento, tanto para homens quanto para mulheres.

As tendências do mercado por calçados mais informais e tênis de performance de luxo não dão sinais de que vão desaparecer, e é certo que Louboutin, que teve um papel central na transformação do tênis em um item de luxo de verdade, continuará a liderá-las.

ABAIXO Boa parte do trabalho de Christian Louboutin revisita momentos de sua vida infundidos com memórias importantes. O tênis Vieira Spikes Orlato, de 2019, tem um bico coberto com spikes e parte da lateral estampada com imagens dos anos 1980 do jovem Louboutin e de sua musa Farida Khelfa.

A REVOLUÇÃO DO TÊNIS 103

Algo para
os meninos

SAPATOS, BOTAS E LOAFERS MASCULINOS

A verdade por trás da decisão de Louboutin de expandir seus produtos para o público masculino talvez nunca seja conhecida, mas desde 2009 alguns modelos já começaram a entrar em suas coleções ou eram feitos para clientes diretos e, é claro, para ele mesmo.

Louboutin começou a voltar a atenção para a moda masculina quando o pop star MIKA lhe pediu que desenhasse todos os calçados para sua turnê mundial. No começo, o estilista ficou confuso – afinal, por que pedir a um designer de sapatos femininos para desenhar sapatos masculinos? MIKA disse que suas três irmãs eram tão loucas pelos sapatos de Louboutin que ele quis capturar o mesmo entusiasmo para si mesmo nos figurinos da turnê, e tinha certeza de que Louboutin poderia cumprir essa missão. A partir daí Louboutin começou a desenhar sapatos masculinos, e vieram coleções inteiras em 2011. Como tantas vezes no passado, sua intuição se mostrou correta: as coleções venderam como água, despertando, nos homens, a já conhecida paixão de suas clientes mulheres pelos solados vermelhos.

AO LADO O filantropo, DJ, compositor e artista will.i.am posa com os sapatos Dandelion, de couro dourado e cobertos de spikes, em uma sessão de fotos na Austrália, 2013.

ALGO PARA OS MENINOS 107

ABAIXO Este elegante brogue em marrom-escuro polido é fechado com monk straps, tem fivelas douradas nas laterais e franjas na gáspea. No lugar das perfurações tradicionais, correntes douradas decoram as costuras na frente e nas laterais, e o sapato se apoia em uma sola grossa e em um salto elevado. Usado pelo próprio Louboutin na Elton John AIDS Foundation Academy Awards Party, 2015.

Assim como as coleções femininas, os calçados masculinos mais desejados de Louboutin incluem uma linha de modelos clássicos, como oxfords, derbys, loafers, monk straps e botas que ele costuma remixar em diferentes couros, cores e detalhes.

Os sapatos sociais mais conhecidos de Louboutin incluem o Greggo, o Simon, o Hubertus, o Alpha Male e o Corteo. Como de costume, os materiais são ecléticos, em uma gama que vai dos tradicionais couros envernizado e de bezerro, para um sapato tradicional de noite, até veludos macios, camurça, neoprene e lona, sem falar dos detalhes favoritos de Louboutin, como tachas, strass e bordados. Seus modelos masculinos têm diferenças sutis entre si, e muitos de seus sapatos sociais são alguma versão de um oxford ou de um derby.

O oxford, que recebeu esse nome por causa da universidade, normalmente é um sapato formal que acompanha um terno ou um smoking, usado em ocasiões especiais. Ele é feito em um sistema *closed lacing*, de amarração fechada, no qual as laterais onde são perfurados os buracos do cadarço são costuradas por baixo da parte frontal do sapato (a gáspea). Nas mãos de Louboutin, vemos a clássica construção de um oxford em couro ou couro envernizado em diferentes estilos, mas ele aparece como um calçado mais ousado para o homem contemporâneo. O Greggo tem um bico fino elegante e vem em couro ou camurça com tachas tom sobre tom, acabamento em gorgorão ou um mix excêntrico de couro envernizado, veludo e tecido metálico. Essas combinações conferem ao oxford um ar urbano, mas sofisticado, com uma informalidade inusitada para o modelo.

ABAIXO Um clássico oxford Greggo com bico quadrado e em couro de bezerro marrom patinado. Os sapatos têm bordas com acabamento em gorgorão de seda tom sobre tom e amarração sobre a gáspea para mais conforto. Fotografado no Men's Fashion Week em Londres, 2017.

ALGO PARA OS MENINOS 109

À DIREITA Sapatos estilo derby em camurça e couro da coleção primavera/verão 2017. Têm um bico arredondado proeminente e gáspea larga com detalhes em couro com estampa de oncinha e camurça roxo-escuro sobre a biqueira. Os cadarços amarram fazendo um desenho de buraco de fechadura sobre a gáspea. A coleção foi inspirada em motociclistas e estreou em Milão, na Itália, em um clube de motociclistas privado.

O mesmo pode ser dito sobre o Corteo, com seu bico quadrado e solado em camadas, que subverte o oxford formal e o transforma em um estilo resort, usando uma suntuosa camurça e strass.

O derby é uma evolução do oxford, com um visual mais informal, e pode ser usado tanto com terno quanto com roupas mais descontraídas. Ele costuma ser confeccionado em camurça ou em couro, o que lhe dá um ar despojado. Diferentemente do oxford, o derby tem *open lacing*, amarração aberta, ou seja, as laterais são costuradas sobre a gáspea. Os cadarços abertos

e mais frouxos fazem do derby um modelo mais confortável e ideal para caminhar pela cidade. O icônico Alpha Male reinventa o informal derby como um calçado urbano chique afunilado, em couro de bezerro envernizado ou em couro preto bem liso e macio. Desenhado para uma fôrma estreita, com um elegante solado vermelho fininho, o derby de Louboutin transita bem em eventos formais e informais.

    Seria um erro achar que a linha masculina de Louboutin poderia ser dividida em conjuntos bem definidos de sapatos sociais ou tênis – o que mais ele tem em seu arsenal? O desejo de

ABAIXO Um elegante loafer em couro de bezerro patinado cinza-escuro com bico amendoado e um divertido lenço enfiado em um bolso na gáspea. A borda superior do sapato tem acabamento em fita de gorgorão preto. Fotografado na loja Louboutin de Genebra, Suíça, 2020.

Louboutin de inovar foi satisfeito por seus sapatos esportivos revolucionários, que fazem a ponte entre os sociais e os tênis. Montados em uma fôrma volumosa de bico quadrado, esses sapatos usam tecidos esportivos como neoprene e padronagem espinha de peixe para criar um modelo futurista. Eles costumam ter uma sola tratorada mais grossa com ranhuras profundas, em um padrão desenhado para oferecer certa tração, normalmente visto em botas de trilha. Incorporam detalhes sutis como colarinhos acolchoados em volta do tornozelo – comuns em em tênis – para mesclar conforto com a refinada assinatura de Louboutin.

ACIMA Inspirado nos chinelos marroquinos tradicionais, o loafer Youssefo, aberto atrás, é feito de ráfia azul-marinho tecida em padrão espinha de peixe, tem um solado baixo de couro e inclui um detalhe de borla na gáspea.

O olhar que Louboutin tem para uma elegância descontraída se manifesta perfeitamente em seus modelos tipo loafer e slipper. O loafer dispensa os cadarços, tiras e amarras de seu sapato monk strap social e funcional para criar o sapato slip-on definitivo. Os loafers Louboutin encaixam abaixo do tornozelo e têm um salto baixo, além de uma estrutura tipo slipper ou uma tira por cima do peito do pé como um loafer mais tradicional. Modelos como Dandelion, Nit Night, Dandy e Rivalion se tornaram os loafers de luxo preferidos e campeões incontestáveis de um look urbano despojado.

ALGO PARA OS MENINOS 113

À ESQUERDA
Loafer slip-on flat Burma Potpourri Dandy, com silhueta fina e cabedal de couro texturizado, misturando spikes triangulares longos e curtos. Fotografado na New York Fashion Week de 2011.

À DIREITA Loafer de couro de bezerro preto matte com bico arredondado e cabedal com spikes platinados contrastando com o solado e o salto em couro preto.

AO LADO O blogueiro e influenciador Chris Burt-Allan comparece à abertura da L'Exhibitioniste durante a Paris Fashion Week de 2020 usando botas chunky Trapman de bico arredondado. Feita com couro de bezerro polido, cadarços monocromáticos e uma entrada do cano acolchoada para proporcionar conforto extra, a bota se apoia sobre uma grossa sola tratorada de borracha.

Os monk straps e as botas de Louboutin completam suas coleções masculinas. Seus modelos monk strap como John, Mortimer e Dear Tok têm uma única tira larga que fecha sobre o peito do pé com uma fivela estilosa por fora, embora às vezes venham com uma tira monk dupla. As botas vão desde a elegante chelsea, com elástico na lateral, como a Melon, até botas de solado grosso tipo trilha, como a Trapman e a Citycroc. Elas têm o bico quadrado, pontudo ou arredondado; o famoso solado vermelho aparece em um contorno vermelho em couro fino e nos próprios volumosos solados de borracha. É em tributo à sua inspiração original, o pop star MIKA, que alguns modelos da linha Louboutin (como o derby Mika Sky) ainda são batizados com seu nome, tendo se tornado verdadeiros ícones.

ALGO PARA OS MENINOS

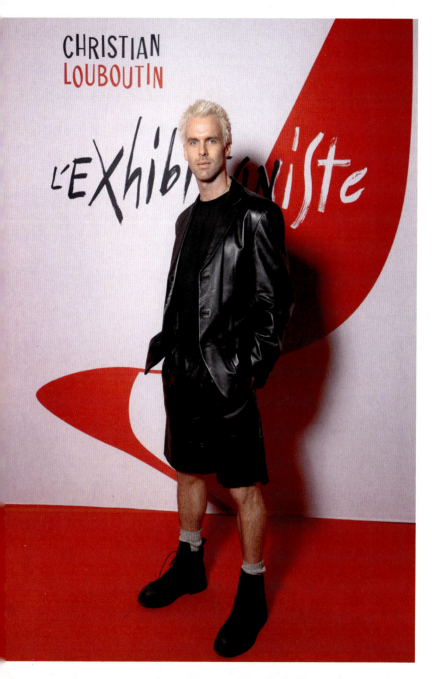

Parcerias

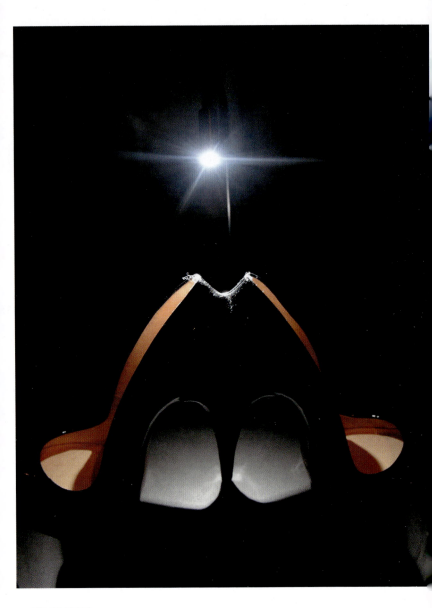

PARCEIROS CRIATIVOS

Christian Louboutin encontra nas colaborações um meio de explorar seu processo criativo e de celebrar artistas. Ele já fez parcerias com inúmeras casas de moda, como Alexander McQueen, Roland Mouret, Jean Paul Gaultier, Lanvin, LVMH e Viktor & Rolf.
No entanto, alguns de seus trabalhos mais interessantes no espectro criativo envolveram uma abordagem multidisciplinar de interação com artesãos, cineastas e bailarinos, que mantiveram seu ímpeto criativo.

PARCERIA COM DAVID LYNCH, 2007

Louboutin costuma observar que seu interesse por sapatos vai além do objeto funcional. Sugestões sexuais sempre foram proeminentes em seu trabalho e, em 2007, junto com o diretor de cinema David Lynch, ele criou uma série extraordinária de imagens de sapatos que refletiam seu interesse pelos calçados como objeto sexual. As imagens e os sapatos formaram a Fetish, uma exposição na Galerie du Passage, em Paris, que reverberava o fetichismo e os mitos sexuais que cercam os modelos femininos e focava no interesse de Louboutin pelo sapato como "a ferramenta sexual máxima".

AO LADO Louboutin revela sua obsessão pelos extremos no mundo dos calçados produzindo uma série de "objetos de pés", incluindo o Siamoise, um par de sapatos unidos pelo salto. Exibido na exposição Fetish, 2007.

ACIMA Christian Louboutin e David Lynch na abertura da exposição Fetish na Galerie du Passage, Paris, 2007.

A exposição Fetish consolidou a parceria criativa de dois visionários de áreas diferentes, o designer de sapatos Louboutin e o cineasta Lynch. Ambos já haviam explorado desejos e extremos da natureza humana em seus trabalhos, o que criou um espaço colaborativo natural para eles. Originalmente, David Lynch havia pedido a Louboutin que criasse uma série de sapatos para uma exposição na Fondation Cartier em Paris. Como de costume, ele abandonou noções de praticidade ou de conforto para criar modelos que extrapolassem os limites dos calçados de fetiche. A coleção incluía saltos de 26 cm e os famosos saltos Siamoise de Louboutin – dois sapatos unidos pelo salto. Esses modelos feitos sob medida foram a inspiração para uma série de fotografias de David Lynch, que evoluíram para a exposição Fetish na Galerie du Passage, em Paris. A série *Twin Peaks*, drama surrealista de David Lynch para a TV, inspirou Louboutin a testar a ideia de juntar sapatos para resolver o antigo problema que é embalar um par de sapatos. Ele experimentou usar a fôrma do So Kate, um de seus modelos mais populares. Ao encaixar um par de fôrmas de maneira invertida, com o salto de um pé junto ao bico do outro, Louboutin criou o desenho de um estojo que, após três anos de desenvolvimento, tornou-se a ShoePeaks, uma bolsa clutch leve de alumínio. A clutch é revestida de metal laqueado em preto

ABAIXO Visitante observa as imagens criadas por David Lynch e os sapatos concebidos por Christian Louboutin, projetados para extrapolar os limites do mundo dos calçados, sendo apresentados como objetos de desejo sexual. Exposição Fetish, 2007.

PARCERIAS 123

ou metal dourado polido, entre duas "solas" vermelhas. A parte interna da bolsa também remete a um sapato, com forro de pele de cordeiro e uma alça de corrente removível que permite o uso nos ombros ou na transversal.

BOLLYWOOD: PARCERIA COM SABYASACHI MUKHERJEE, 2017

Mais leve, mas não menos frutífera, foi a parceria de Louboutin com Sabyasachi Mukherjee em 2017. Louboutin sempre buscou inspiração em suas viagens e no desejo de trabalhar com os melhores artesãos do planeta. Ele construiu uma rede com artesãos do mundo inteiro que contribuem para suas coleções, então um encontro fortuito em Mumbai com o designer têxtil indiano Sabyasachi Mukherjee foi uma oportunidade de fundir o talento artístico de Mukherjee com a elegância parisiense de

AO LADO Esse scarpin fetichista sem salto evoluiu até o sapato Conquilla, desenhado para a coleção outono/inverno 2014.

ABAIXO A estrela do burlesco americana Dita Von Teese e Christian Louboutin admiram um par de sapatilhas de balé fetichistas e esculturais feitas em couro envernizado com saltos de 20 cm na exposição Fetish, 2007.

AO LADO Christian Louboutin e o designer de joias e costureiro indiano Sabyasachi Mukherjee apresentam uma coleção de roupas e sapatos de edição limitada na galeria e butique Just One Eye de Los Angeles, 2017.

Louboutin. A dupla se deu bem logo de cara, vendo que tinham uma paixão em comum por artes manuais tradicionais e um amor pelo glamour e pela opulência dos filmes de Bollywood. Começaram a trabalhar juntos em diversos projetos, que cresceram organicamente até virarem uma parceria muito maior.

Mukherjee é mais conhecido por seus vestidos de noiva repletos de bordados e ornamentos e por seus deslumbrantes vestidos de festa. Sua dedicação a primorosas técnicas artesanais levou o artesanato indiano ao palco da moda mundial. Juntos, Mukherjee e Louboutin criaram uma coleção de itens de luxo. A profusão de texturas e cores do acervo de materiais tipicamente indianos de Mukherjee, que Louboutin descreveu posteriormente como "um tipo de caverna de Ali Babá", resultou em uma verdadeira trama de técnicas e ideias de design. Quinze modelos para mulheres e quatro para homens foram criados usando finos tecidos de sári combinados com couro, as emblemáticas tachas de Louboutin e bordados. Os resultados foram sapatos exclusivos e originais que refletiam predominantemente as trocas culturais e o respeito pelas tradições e pelas artes manuais. A parceria também rendeu a bolsa Piloutin, feita com fitas de sári, lembrando um travesseiro todo trabalhado.

A BELA ADORMECIDA: PARCERIA COM O ROYAL BALLET, 2019

O amor de Louboutin pela dança o levou à sua parceria seguinte, com o renomado Royal Ballet de Londres. Louboutin se inspirou em uma das principais montagens da companhia, a produção mundialmente famosa de *A bela adormecida*. "A dança sempre foi central em meu trabalho, e eu me inspirei na magia de suas performances, e em *A bela adormecida*", disse à *Vogue* a respeito da parceria.

À ESQUERDA As coleções ricamente bordadas de Sabyasachi Mukherjee se juntaram aos sapatos de Christian Louboutin na abertura da Amazon Indian Couture Week em Nova Déli, 2015.

O desejo do estilista de sintetizar o mundo das princesas dos contos de fada em seus sapatos se inspirou primeiramente em temas da montagem e em cenas decisivas como "O Adágio da Rosa", em que a princesa Aurora dança com quatro pretendentes para decidir com qual irá se casar. Na coreografia, ela executa os mesmos passos de dança com cada um para ver quem seria o melhor parceiro. Essa cena inspirou o sapato Sleeping Rose, com um design que remete ao elemento mais famoso de *A bela adormecida*, a rosa. A flor foi usada como ornamento no sapato, que também tem um salto dourado repleto de spikes, remetendo ao fuso que envenena a princesa e aos espinhos que crescem à sua volta enquanto ela dorme. Em um rosa delicado ou em preto com uma flor vermelha decorando a gáspea e um salto dourado, o Sleeping Rose captura o romance, a tragédia e o triunfo final do balé.

ABAIXO O amor compartilhado por tecidos suntuosos e adornos feitos à mão adiciona glamour e elegância às coleções colaborativas masculinas e femininas de Sabyasachi Mukherjee e Christian Louboutin.

À DIREITA Louboutin segura um sapato recortado que revela a sola do pé, celebrando a curva do pé feminino. Ao fundo, a imagem de uma bailarina, escolhida por seus arcos plantares singulares, exibindo o sapato, calçando um dos "objetos de pé" – em tese impossíveis de usar.

AO LADO Sapatilha de ponta em cetim com um salto alto extremo adornada com lantejoulas. Fetish, 2007.

Não satisfeito em tomar emprestado temas do balé, Louboutin voltou seu olhar para as próprias bailarinas. As elegantes sapatilhas de ponta davam a ilusão de ser uma extensão das pernas das dançarinas e eram um ponto de referência óbvio para a criação de algum modelo. O modelo resultante, Miragirl, usa PVC transparente e couro para recriar a mesma ilusão, e as fitas de chiffon no tornozelo remetem às fitas das sapatilhas de balé. Delicados cristais de strass cintilam no bico do sapato, conferindo um ar de conto de fadas tanto à versão em salto alto quanto à versão sapatilha. As bailarinas do Royal Ballet usam um número estimado de 6 mil pares de sapatilhas de ponta por ano, então, para cada par de sapatos da parceria vendido, um par de sapatilhas de ponta foi doado à companhia.

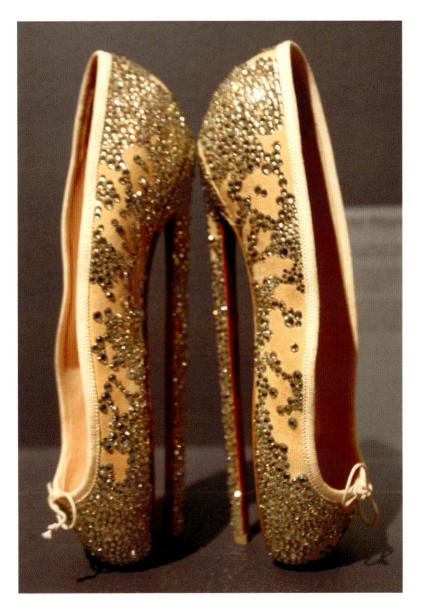

ABAIXO A Barbie© Dolly Forever foi a segunda boneca criada por Christian Louboutin. Lançada em 2010, ela vinha com uma série de sapatos com solado vermelho, mas o orgulho da coleção eram suas botas Lionne de cano alto com franjas.

A PARCERIA ENTRE O ESTILISTA E A BONECA

> "A Barbie é um ícone; como eu poderia resistir a uma parceria dessas?"
> Christian Louboutin, *Vogue*

A mais curiosa de todas as parcerias de Louboutin certamente foi com a Barbie, que sempre foi uma musa para estilistas famosos e artistas. Ela não só tem uma paixão por moda, como também uma obsessão por sapatos. Seria natural que Louboutin fosse sua escolha para idealizar uma coleção invejável. Inicialmente, o estilista criou para a boneca uma coleção de nove pares com seus emblemáticos solados, e cada par vinha com um saquinho de pano e uma caixa em miniatura. Ele já havia criado um par de peep toes clássicos Louboutin em rosa-choque na ocasião do 50º aniversário da Barbie em 2010

e, em 2013, deu continuidade a essa inspiração. Louboutin convidou a Barbie para passar algum tempo em seu ateliê, em sua casa de campo e em seu barco, e tudo foi capturado em uma série de fotos. Ainda como parte da parceria, Louboutin desenhou uma série de bonecas Barbie em edição limitada inspiradas em Nefertiti e Marilyn Monroe. Elas têm um tornozelo em formato diferente e um pé mais curvado do que a Barbie tradicional, para exibir melhor seus Louboutins. As três bonecas vinham embaladas em caixas de sapato Louboutin com quatro pares de sapatos do estilista em miniatura. Essa coleção consistia em uma Christian Louboutin Barbie Cat Burglar, uma Barbie safári e uma Barbie vestida para o Festival de Cannes. Os conjuntos em edição limitada para colecionadores podiam ser comprados pela internet na gigante NET-A-PORTER. COM, que também oferecia uma coleção de 12 pares de sapatos Christian Louboutin para a Barbie.

ABAIXO Vestida para arrasar em qualquer ocasião! A primeira Barbie© de Louboutin (vestida com um macacão catsuit) e suas sucessoras Anemone e Dolly Forever têm tornozelos e pés especialmente projetados para exibir os sapatos Louboutin da melhor forma.

PARCERIAS 133

Sucesso entre as celebridades

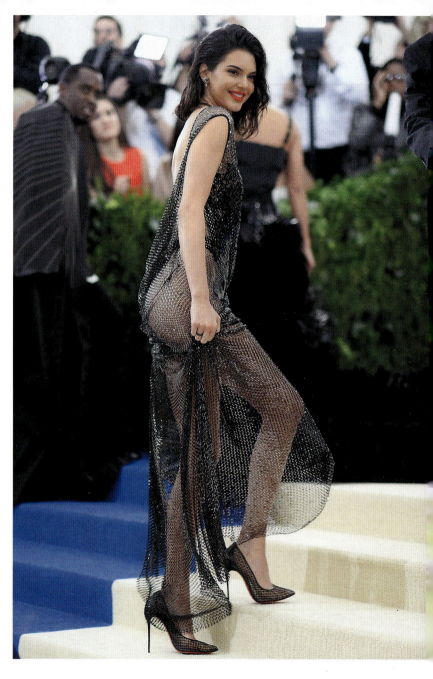

FÃS FAMOSOS

Christian Louboutin é conhecido no mundo todo por seus calçados inovadores e por seus solados vermelhos. Seria impossível dissociar seus clientes famosos de seu sucesso. A marca se tornou sinônimo de glamour de celebridades, cultura pop e tradição em artes manuais.

Ele é uma força incontrolável do design criativo na indústria da moda e merecidamente detém a coroa que o reconhece como o mais influente designer de sapatos do mundo. Suas criações transcendem diferenças e falam para um público global por meio de suas coleções de calçados masculinos e femininos. Ao criar extensões de marca, com acessórios, cosméticos e perfumes, ele já colaborou com artistas icônicos, outras marcas e artesãos. Dessa maneira, Christian Louboutin entrou na cultura popular por meio da música, da dança e do cinema. Então, quem são as celebridades e os influenciadores que contribuíram para o seu sucesso?

AO LADO A modelo e socialite Kendall Jenner prova que existe lingerie para os pés ao usar os provocantes scarpins Galativi em mesh e couro, com bico pontudo e salto elevado, no Met Gala, 2017.

SUCESSO ENTRE AS CELEBRIDADES 137

ACIMA No MTV Video Music Awards de 2009, Jennifer Lopez calça botinhas peep toe de cano baixo em renda e couro com pelo estampado de oncinha e tiras pretas contrastantes no tornozelo.

AO LADO Pharrell Williams brinca com Christian Louboutin em uma noitada no Wall, uma das casas noturnas mais exclusivas de Miami Beach. Ele calça os sapatos oxford Freddy, com cadarços brancos e spikes platinados contrastantes na parte lateral e na biqueira.

A princesa Caroline de Mônaco teria sido a primeira celebridade a comprar de Louboutin quando, nos idos de 1991, encontrou por acaso sua primeira loja em Paris e ficou tão encantada que logo divulgou a descoberta desse grande estilista de sapatos. Ela usou suas criações em banquetes e cerimônias de Estado em Mônaco e continua sendo cliente fiel e amiga pessoal de Louboutin.

Dizem que Madonna teria um dia afirmado: "É preciso um homem de verdade para estar em meus sapatos", e, como cliente de Louboutin durante décadas, ela certamente deve ser uma de suas musas mais icônicas. Usou seus saltos e botas nos palcos e fora deles e em incontáveis tapetes vermelhos. As botas de salto vermelho até fizeram uma participação no vídeo da rainha do pop com Maluma para a música "Medellín". E ela não está sozinha: Lady Gaga também apareceu de Louboutins em seu vídeo para "Million Reasons"; Miley Cyrus requisitou ankle boots peep toe de Louboutin para o lançamento de seu álbum *Can't Be Tamed*; e Britney Spears usou Louboutins em seu vídeo para "If U Seek Amy".

Jennifer Lopez, cantora, compositora, atriz e filantropa, também se tornou cliente fiel dos sapatos e bolsas Louboutin. Sua música de 2009 "Louboutins" passa uma mensagem positiva a mulheres que precisam sair de relacionamentos ruins. Ficou famoso o refrão: "I'm throwing on my Louboutins" ["Estou calçando meus Louboutins"], que usava o calçado de luxo como metáfora para o empoderamento de mulheres. "Louboutins" chegou ao topo da US Hot Dance Club Songs. Na cultura pop, itens de marca se tornaram referências de riqueza e sex appeal.

SUCESSO ENTRE AS CELEBRIDADES 139

À ESQUERDA
A cantora e empresária da moda Rihanna apresenta a celebração anual Loveday da Cartier no Empire State Building, em 2008, calçando ankle boots de camurça de bezerro preta com salto agulha e fecho em fivela de couro envernizado.

À DIREITA A atriz Blake Lively e Christian Louboutin saem do Four Seasons Hotel de Nova York em 2017. Lively calça sandálias prateadas com salto fino e tiras assimétricas minimalistas que se fecham na lateral, enquanto Christian usa seu clássico loafer Monana em couro branco e preto, com a característica tira vermelha na gáspea.

A faixa de 2017 que ganhou o selo diamante da Billboard, "Bodak Yellow", da rapper Cardi B, faz uma homenagem a Louboutin ao mencionar na letra seus solados vermelhos – os sapatos da marca também aparecem no vídeo da música, que encabeçou a US Billboard Hot 100 por várias semanas.

A empresa estima que cerca de 3 mil mulheres sejam donas de cerca de 500 pares de Christian Louboutin cada uma. Christina Aguilera tem 300 pares, mas a maior cliente da marca é a escritora americana (e rainha dos livros românticos) Danielle Steel, que supostamente teria mais de 6 mil pares. Ela teria levado quase 80 pares de uma só vez da loja de Louboutin, cravando um impressionante recorde de vício nos sapatos de

SUCESSO ENTRE AS CELEBRIDADES 141

À ESQUERDA A atriz Cate Blanchett sai com o sapato sem salto Gwalior, com decote em coração e borlas duplas na gáspea.

À DIREITA A atriz Naomie Harris chega ao Academy Awards de 2013 em Hollywood, Califórnia, calçando sandálias Gwynitta em couro com glitter dourado e salto alto quadrado, além de uma tira única sobre os dedos e tiras duplas finas que se prendem ao salto.

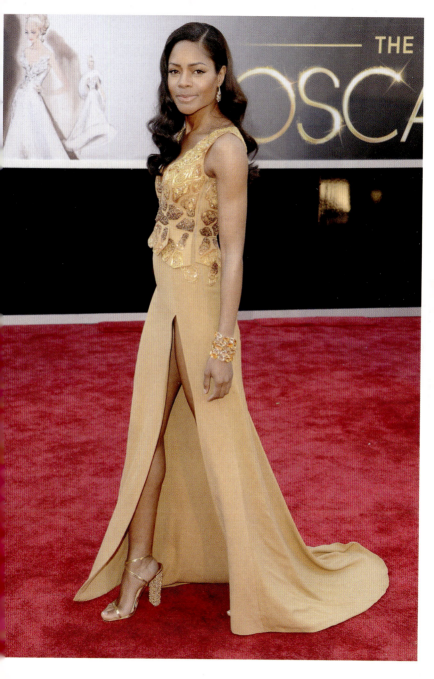

solados vermelhos, que ela compra às dezenas todos os anos. O valor da coleção de Steel é estimado em quase 2 milhões de libras. A WWD.com informa que Louboutin a descreve como uma "supertop" e diz: "Ela vem a Paris e compra literalmente tudo. Depois volta para Nova York e diz: 'Fiquei meio decepcionada, não tem nada na loja', mas sai com 80 pares".

Aos 19 meses de idade, Suri Cruise, filha de Tom Cruise e da fã de Louboutin Katie Holmes, tornou-se a mais jovem cliente do designer de sapatos: moldes de seus pezinhos foram feitos e enviados para Paris, onde foi criado um par de sapatos feitos à mão sob medida para ela.

A apresentadora, produtora de TV, atriz e escritora Oprah Winfrey está na ala mais séria do séquito de celebridades de Louboutin, não somente por sua importância cultural e pela extensão de seu império midiático, mas também por suas ações filantrópicas e apoio a ONGs que fortalecem e incentivam as mulheres. Em 2015, Oprah autografou e doou um par de stilettos Louboutin com escamas prateadas para um leilão que durou uma semana, no qual foi vendido por quase £ 12.000 (US$ 17.000), quantia revertida para uma ONG australiana que foca na educação de mulheres em países em desenvolvimento. Oprah repetiu esse presente pessoal e leiloou mais sapatos Louboutin autografados.

ABAIXO Na estreia da temporada de 2013 de *American Idol*, a rapper e cantora/compositora Nicki Minaj calça os sapatos Daffodile, em estilo boneca em meia-pata contínua com estampa monocromática de pele de cobra, saltos de 16 cm e tiras finas sobre o peito do pé.

À ESQUERDA A magnata da mídia Oprah Winfrey exibe seu Bianca peep toe em couro preto envernizado durante uma coletiva de imprensa em Pasadena, Califórnia, 2011.

SUCESSO ENTRE AS CELEBRIDADES 145

À ESQUERDA
A modelo e atriz Cara Delevingne sai para o TrevorLIVE New York Gala, em 2019, com um suntuoso e chamativo par de botas Epic acima do joelho, em camurça de bezerro e salto finíssimo.

À DIREITA A estilista Victoria Beckham sai de um restaurante em Nova York usando um par de esculturais ankle boots de couro preto com plataforma curva e coberta e salto agulha ultra-alto.

SUCESSO ENTRE AS CELEBRIDADES 147

Uma multidão de celebridades, que incluem Carey Mulligan, Rita Ora, Katy Perry, Gwyneth Paltrow, Rihanna, Angelina Jolie, Cate Blanchett, Cara Delevingne, Nicki Minaj, Dita Von Teese, Victoria Beckham, Billy Porter, Ryan Gosling, Pharrell Williams e Rami Malek (para citar só alguns) usam Louboutin regularmente. Mas uma celebridade em especial, Sarah Jessica Parker, apoiou Louboutin tanto nas telas quanto fora delas mais do que todas. Com sua personagem Carrie Bradshaw na série de TV *Sex and the City*, Parker fazia escolhas de vanguarda, relevantes até hoje. Era difícil ver um episódio sem uma forte temática relacionada a sapatos, e foi Carrie quem levou Louboutin pela primeira vez a um público mais amplo. Em um episódio da terceira temporada, Carrie saiu do hotel The Standard em Los Angeles calçando uma sandália Louboutin com um pé de cada cor – vermelho metálico no pé direito e verde-azulado no esquerdo –, o que deixou os fãs em dúvida se teria sido uma gafe fashion real. Demorou 19 anos até que o mistério fosse finalmente solucionado, quando Parker admitiu que a troca havia sido intencional. Seu longo caso de amor com Louboutin se deve à figurinista de *Sex and the City* Patricia Field, que decidia o guarda-roupa de cada personagem da série e a apresentou à marca de sapatos. Field é também a mente criativa por trás da série da Netflix *Emily in Paris*. Assim como Carrie, Emily tem uma paixão por sapatos e, vivendo em Paris, é claro que usa sapatos Louboutin, pedido especial da atriz principal Lily Collins.

Louboutin também conhece bem a realeza; suas criações já foram usadas por muitas princesas das famílias reais do mundo todo. A ex-atriz Meghan Markle se tornou uma princesa britânica após se casar com o príncipe Harry em 2018. Hoje chamada de duquesa de Sussex, ela conhece bem os calçados de Louboutin. Seus favoritos eram o So Kate em couro preto com salto de 12 cm e a elegante sapatilha Tricolor Suspenodo em couro envernizado, para ocasiões menos formais.

AO LADO A atriz Sarah Jessica Parker, um ícone do estilo e famosa por suas inspirações fashion na série de TV *Sex and the City*, calça uma delicada sandália bicolor de tiras em T em couro creme e preto, com salto alto fino, para uma filmagem em Nova York, 2009.

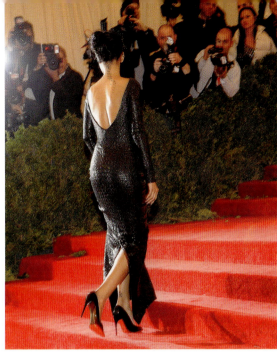

AO LADO A cantora Katy Perry se apresenta no palco do Madison Square Garden, em Nova York, em 2010, com um look totalmente showgirl que inclui as botas Supra Domina, que vão até as coxas, em couro creme.

À ESQUERDA Rihanna mostra seus solados vermelhos ao caminhar pelo tapete vermelho em um elegante scarpin So Kate em couro envernizado cintilante, no baile Costume Institute Gala do Metropolitan Museum of Art, informalmente conhecido como Met Gala, 2012.

A grande rainha do soul, a cantora Aretha Franklin, foi enterrada em um caixão folhado a ouro depois que seus fãs foram convidados a vê-la pela última vez. Ela estava vestida dos pés à cabeça de vermelho, incluindo as unhas, o batom e, é claro, seus Louboutins de 12 cm em couro envernizado, escolhidos propositalmente por sua família para passar a mensagem de que "A Rainha do Soul é diva até o fim".

Com tantas realizações em sua carreira, é impossível prever o que Christian Louboutin nos reserva, mas sua criatividade explosiva permanece brilhante como sempre, e ele certamente continuará criando lindos sapatos ainda por muitos anos.

Com tantas realizações em sua carreira, é impossível prever o que Christian Louboutin nos reserva, mas sua criatividade explosiva permanece brilhante, e ele certamente continuará criando lindos sapatos ainda por muitos anos.

SUCESSO ENTRE AS CELEBRIDADES

À ESQUERDA Na estreia da temporada de 2013 do programa *American Idol*, a rapper e cantora/compositora Nicki Minaj calça sapatos Daffodile, em estilo boneca, com meia-pata contínua e estampa monocromática de pele de cobra, salto de 16 cm e tiras finas sobre o peito do pé.

À DIREITA O ator Ashton Kutcher calça um elegante par de sapatos sociais oxford Alpha Male em couro preto envernizado, com borda em gorgorão de seda e bico quadrado, no Screen Actors Guild Awards, 2017.

NO VERSO O rapper, produtor musical e empresário Sean Combs comparece ao Met Gala de 2017 em loafers slip-on Dandelion em couro preto envernizado, com o icônico solado vermelho e detalhes metade pretos, metade vermelhos no salto.

152 SUCESSO ENTRE AS CELEBRIDADES

ÍNDICE

(Os números de página em *itálico* se referem a fotografias e legendas; os números em **negrito**, a temas principais)

123 Run 98, 101, 102

Académie d'Art Roederer 22
Adágio da Rosa, O, cena 128
Aguilera, Christina 33, 141
Amazon Indian Couture Week 2015 *128*
Andrieux, Emmanuel 72
Anemone *133*
ankle boot 138, *141*, *147*
ankle boot Fifre Corset *89*
ankle boot Marale *63*
athleisure 16

B, Cardi 141
Babilônia 38, *38*
Bande de Bandeaux *25*, 26
Barbie® **132-3**, *132*, *133*
Barthes, Roland 26
Batallure Beauty LLC 37
batom Rouge Louboutin 38
batons *38*
Beckham, Victoria *147*, 148
Bela adormecida, A 126, 129
Belfast Telegraph, 10
Berlim *91*
Beverly Hills *50*
Bikini Questa Sera 38
Blanchett, Cate *142*, 148
Bollywood 125, 126
bolsa clutch ShoePeaks 123
bolsa Monogram 68

bolsa Piloutin 126
bolsa Rougissimie 36
bolsas
 it 10
 Monogram 68
 Paloma 36, *36*
 Piloutin 126
 Rougissmie 36
 ShoePeaks 123
bota de cano médio em camurça de bezerro *59*
bota de cano médio em couro marfim *59*
botas 89, 113-6
 Azimut *89*
 Citycroc 116
 de cano curto/ankle 138, *141, 147*
 de cano médio em camurça de bezerro *59*
 de cano médio em couro marfim *59*
 de cano baixo *91*, 138
 Dear Tok 116
 em renda preta na altura do joelho *61*
 Epic *147*
 Fifre Corset *89*
 Guerilla *89*
 Jennifer 89, *89*
 Let Me Tell You 55
 Lionne *132*
 Marale *63*
 Melon 116
 Mortimer 116
 Psybootie *51*
 sem salto na altura do

 joelho *65*
 Supra Domina *151*
 Trapman 116, *116*
botas de cano curto *91*, *138*
botinha Azimut *89*
botinha Guerilla *89*
BRIT Awards 2010 *38*
brogue *108*
Burma Potpourri Dandy loafer *115*
Burt-Allan, Chris *116*

cabedal *10*, 11, 49
Cambridge, duquesa de 10
canvas Damier 68
Caroline de Mônaco, princesa 10, 32, *32*, 138
casa noturna Wall *138*
caxemira 11
Chanel 27
Channel 4 55-6
Cher 22, *22*
parceria Loubi World 17
coleções
 Hawaii Kawaii *91*
 Loubibaby 38
 Nudes 2013 65, *65*
 Nudes for All 2019 65
 outono/inverno 2014 *125*
 outono/inverno 2015 *90*
 primavera/verão 2016 *91*
 primavera/verão 2017 *110*
 primavera/verão 2019 16
 primavera/verão 2020 *31*
 retrospectiva Showgirl, The, 2012 *57*, *59*, 61, *61*, *63*

156 ÍNDICE

Collins, Joan 33
Collins, Lily 148
Combs, Sean *152*
coolhunting.com 12, 17
cores *16*
Corner butique, The *15*, *91*
costura 11, *16*
couro 11
Couture Council Award for Artistry of Fashion 68, *71*
Crazy Horse 62, *62*
Cruise, Suri 145
Cyrus, Miley 138

De la Falaise, Loulou 26
Delevingne, Cara *147*, 148
Deneuve, Catherine 33
Design Museum *55*, *59*, 61, *61*, *63*, *65*, *75*
designmuseum.org 09
Diana, princesa de Gales 35, *35*
Dior, Christian 27
Dolly Forever, Barbie® *132*, *133*
Downey Jr., Robert *101*
Duff, Hilary *83*
Dusseldorf *85*

Egito 09, 26
Elton John AIDS Foundation Academy Awards Party *108*
Emaer, Fabrice 26
Emily in Paris 148
Evening Standard 14
Exhibitioniste, L' *65*, 71, 72, *72*, *73*, *116*

Face, The 26
Fashion Footwear Association of New York 55
Fetish 121, *121*, 122, *122*, *123*, *125*, *130*
Feu (espetáculo do Crazy Horse) 62, *62*

Field, Patricia 148
FIT (Fashion Institute of Technology) Museum 56, 57
Flores 43
flores em silkscreen Pop Art *32*
Folies Bergère 16, 26, *65*, 101
Footwear News 22, 71
fôrma *10*, 12, *12*, *13*
fôrmas So Kate 123
formato de bicos *12*
fragrâncias 38
França 09
Franklin, Aretha 151
Frizon, Maud 27

Gaga, Lady 138
galeria e butique Just One Eye *126*
galeria Rapid Response Collecting 68
Galerie du Passage 121, *122*, 123
Galerie Véro-Dodat *99*
Game, The 44
Gaultier, Jean Paul 26
Goop 38
gorgorão de seda 11
Gosling, Ryan 148

Harper's Bazaar 22
Harris, Naomie *142*
Heatherwick, Thomas 38
Hullin, Bruno 62

Índia 26, 35, *35*
it bags 10
Itália 10

Jagger, Bianca 26
Jagger, Mick 26
jardins 31
Jenner, Kendall *137*

Jolie, Angelina 68, *68*, 148
Jones, Grace 26
Jourdan, Charles 27

Kardashian, Khloe *90*
Kardashian, Kim 33
Khelfa, Farida *103*
Kutcher, Ashton *152*

laca vermelha 43, 48, 51
Lapp, Alexandra *85*
Leather Spa 48
Lee, Kiwi *44*
litígio 50
Lively, Blake *141*
loafers
  Burma Potpourri Dandy *115*
  Dandelion *107*, 113, *152*
  Dandy 113
  loafers em couro de bezerro *112*, *116*
  Nit Night 113
  Rivalion 113
  Youssefo *113*
loja de departamentos
  Barneys *50*
lojas
  Berlim *15*
  Cingapura 35
  Genebra *112*
  Grande Manchester *14*
  Jacarta 35
  Las Vegas 35
  Londres 14, 33
  Moscou 14, 33
  Nova York 14, 33, *91*
  Paris 14, 32, 33, 35, 36, 138
  Tóquio 35
London Fashion Week *89*
Londres 68, 126
Lopez, Jennifer 10, 33, *36*, *89*, 138
Los Angeles *126*

ÍNDICE 157

Louboutin, Christian 9, *9*, 10, *10*, 11, 12, *12*, *13*, 14, *14*, 15, *15*, 16, *16*, 17, *17*, 21, *21*, 22, *22*, 25, 26, 27, *27*, 31, *31*, 32, *32*, 33, 35, *35*, 36, *36*, 37, *37*, 38, *38*, 43, *43*, 44, *44*, 48, 49, *49*, 50, 51, 55, 56, *56*, 57, 61, 62, *62*, *63*, 65, 68, 71, *71*, 72, *74*, *75*, 81, *81*, 82, 85, 86, 89, 90, *90*, *91*, 97, *97*, 98, 99, *99*, 100, *100*, 101, 102, 103, *103*, 107, 108, *108*, 111, 112, *112*, 113, 116, 121, *121*, 122, *122*, 123, *123*, 125, *125*, 126, *126*, *128*, 129, *129*, 130, *130*, 132, *132*, 133, *133*, 137, 138, *138*, 141, *141*, 145, 148, 151
   Beauté, 37
   for Yves Saint Laurent Haute Couture, 1962-2002 56-7
   The World's Most Luxurious Shoes 35, 55
Luxury Brand Status Index 55
LVMH 68
Lynch, David **121-5**, *122*, *123*

Madonna 10, 33, 138
Maison du Vitrail, La 72
Malek, Rami 148
Malévola 68, *68*
Marketer of the Year 2015 55
Markle, Meghan 148
Máxima dos Países Baixos, rainha 10
Men's Fashion Week, Londres 2017 *109*
Met Gala *137*, *151*
Miami *138*

MIKA 37, *38*, 107, 116
Milão *110*
Minaj, Nicki 33, *145*, 148, 152
Mukherjee, Sabyasachi **125-6**, *126*, *128*, *129*
Mulligan, Carey 148
Musée des Arts Africans et Océaniens 21-2, 27
música Louboutins 138

Neiman Marcus *102*
NET-A-PORTER.COM 133
Newsweek 27
New York Fashion Week, *115*
No stilettos 22, *22*
Nova Déli *128*
Nova York *83*, *102*
Nudes 68, 72, *72*

ONG SOS Children's Villages 68
Ora, Rita 148

Palace, Le *25*, 26
Palais de la Porte Dorée *21*, *22*, 31, 71, 72, *73*, *74*
palmilha *10*
Paltrow, Gwyneth 10, 33, 38, 148
parcerias
   Boneca Barbie **132-3**, *132*, *133*
   David Lynch **121-5**, *122*, *123*
   Loubi World 17
   Royal Ballet **126-31**, *130*
   Sabyasachi Mukherjee **125-6**, *126*, *128*, *129*
   Yves Saint Laurent 56-7, *56*
Paris 21, 22, 27, 62, *62*, 65, 71, *72*, *73*, *74*, *83*, *99*, 121, 122, *122*

Paris Fashion Week 2020 *116*
Parker, Sarah Jessica 10, 148, *148*
Perry, Katy 148, *151*
Picasso, Paloma 26
Porter, Billy 148
Portugal 09
punk rock 09, 22, *27*

Quênia *90*

Race d'Ep 22
rasteirinha Copte 85
Red Bottoms 44, *49*
registro de marca 50
Rihanna 10, *141*, 148, *151*
Royal Ballet, The **126-31**, *130*

Saint Laurent, Yves 27, 50, 56-7, *56*
Saks Fifth Avenue 38
Saltos (vertiginosos) 85
   agulha 33, 35
sandálias 85
   Bodrum 91
   Gwynitta *142*
sandálias prateadas *141*
sapatilha de balé
Miragirl 130
   sapatilha de ponta 130, *130*
   sapatilhas 65
   sapato com sola recortada *130*
sapato decorado com cabedal em mesh transparente *71*
sapato plataforma em camurça Ulona *90*
sapatos masculinos 107-117
sapatos
   Alpha Male 108, 110-1, *152*
   Body Strass 86

158 ÍNDICE

Conquilla *125*
Corteo 108, 110
derby 108, 110-1
Electropump *90*
mule *65*
Espelio *37*
Freddy *138*
Greggo 108, *109*
Hot Chick 86
Hubertus 108
LOVE 35
Malangeli 68, *68*
Maquereau 31-2
Mika Sky 116
oxford 108, 110
Pensée *32*, *44*
Pigalle Spike *91*
Rose Amelie 90
Siamoise *121*, 122
Simon 108
Sleeping Rose 129
Ulona *90*
scarpins 65
   Inseparáveis 35
   Bianca 90, *145*
   Daffodile *57*, *152*
   Fifi 68
   Galavati *137*
   Guinness *73*
   Gwalior *142*
   New Very Prive 90
   Pigalle 81, 82, *83*, 85, *91*
   Pigalle Follies 82, *82*, 85
   So Kate *81*, 82, 85, *85,* 148-51, *151*

scarpins de bico fino So Kate *81*, 82, *85*, 86, 148-51, *151*
Sex and the City 148, *148*
Shadow Theatre, The *61*
Showgirl, The exposição *75*
solado 14
solados vermelhos 43, *43*, 44, *44*, 48, 49, *49*, 50, *50*, 51
Sole Desire: The Shoes of Christian Louboutin 57
Spears, Britney 138
Steel, Danielle 141, 145
Steele, dra. Valerie 56
Stefani, Gwen *36*
stilettos 86
   Bandy 86
stilettos prateados 145
Sunday Times, The 15

Taj Mahal 35, 35
Tattoo Parlors 35
tênis 97-103
   123 Run 98, 101, 102
   de cadarço em couro de bezerro dourado *97*
   de cano alto em couro de bezerro *99*
   de cano alto Louis *101*
   Happy Rui 98
   Loubishark 99, 100
   Louis *101*
   Louis Junior 98
   Louis Orlato *98*
   Pik Boat 98, *98*
   Red Runner 81, 98, 101, 102, *102*
   Run Loubi Run 98, 100, 102
   Spike Sock 98, 100, *100*, 101
   Vieira 98
   Vieira Spikes Orlato *103*

Tornade Blonde 38
tote bag Paloma 36, *36*
TrevorLIVE New York Gala *147*
Tricolor Suspenodo 148
Trouble in Heaven 38
Twin Peaks 123

Victoria and Albert Museum 68
Vivier, Roger 27
Vogue 31, 126
von Furstenberg, Diane 33, *71*
Von Teese, Dita *86*, *125*, 148
Vuitton, Louis 68

Waldman, Michael 55-6
Warhol, Andy 26, *32*, 43
wedges 91
Whitaker e Malem 72
will.i.am *107*
Williams, Pharrell *138*, 148
Winfrey, Oprah 145, *145*
WWD.com 145

Zepeto 17